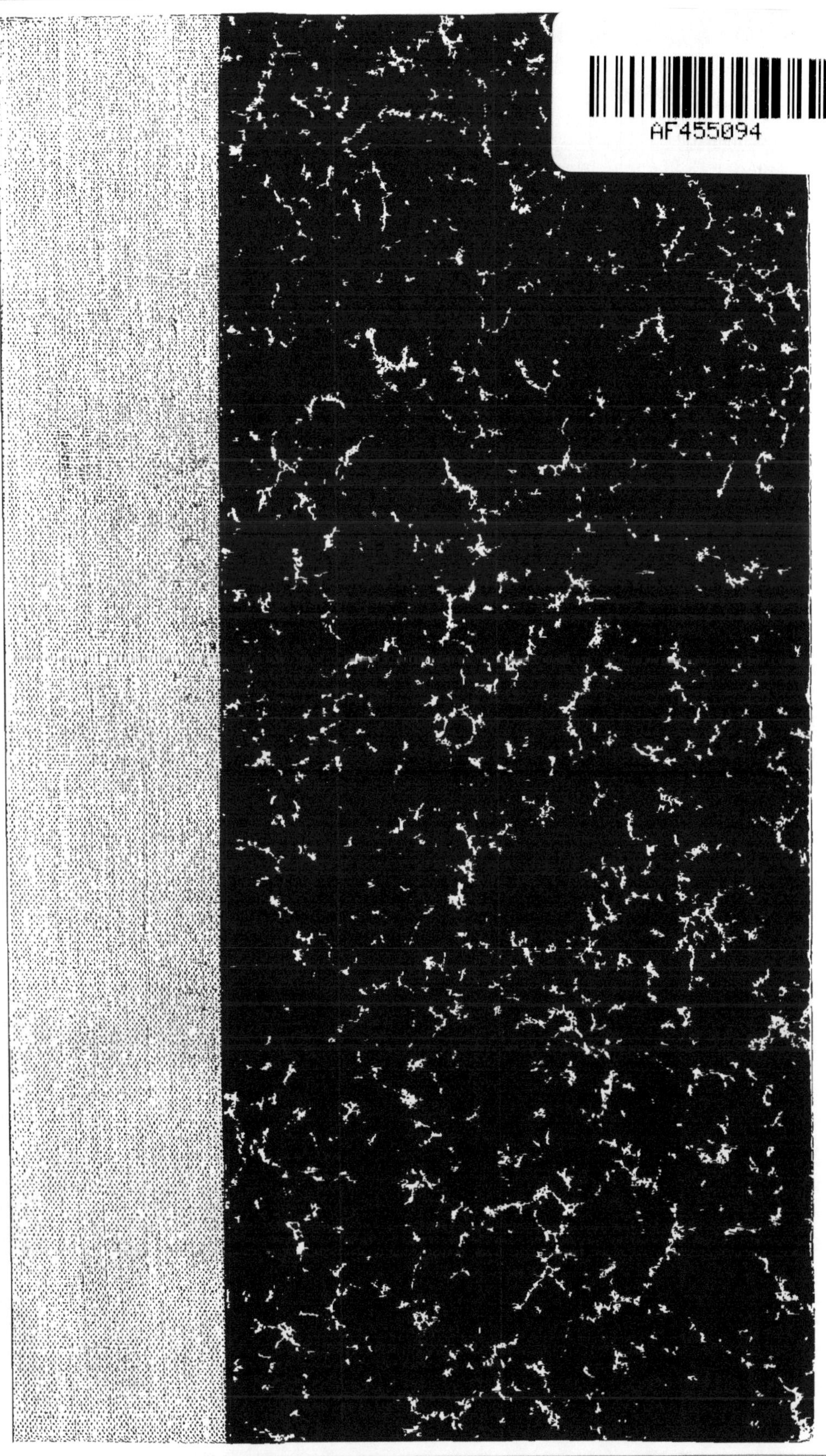
AF455094

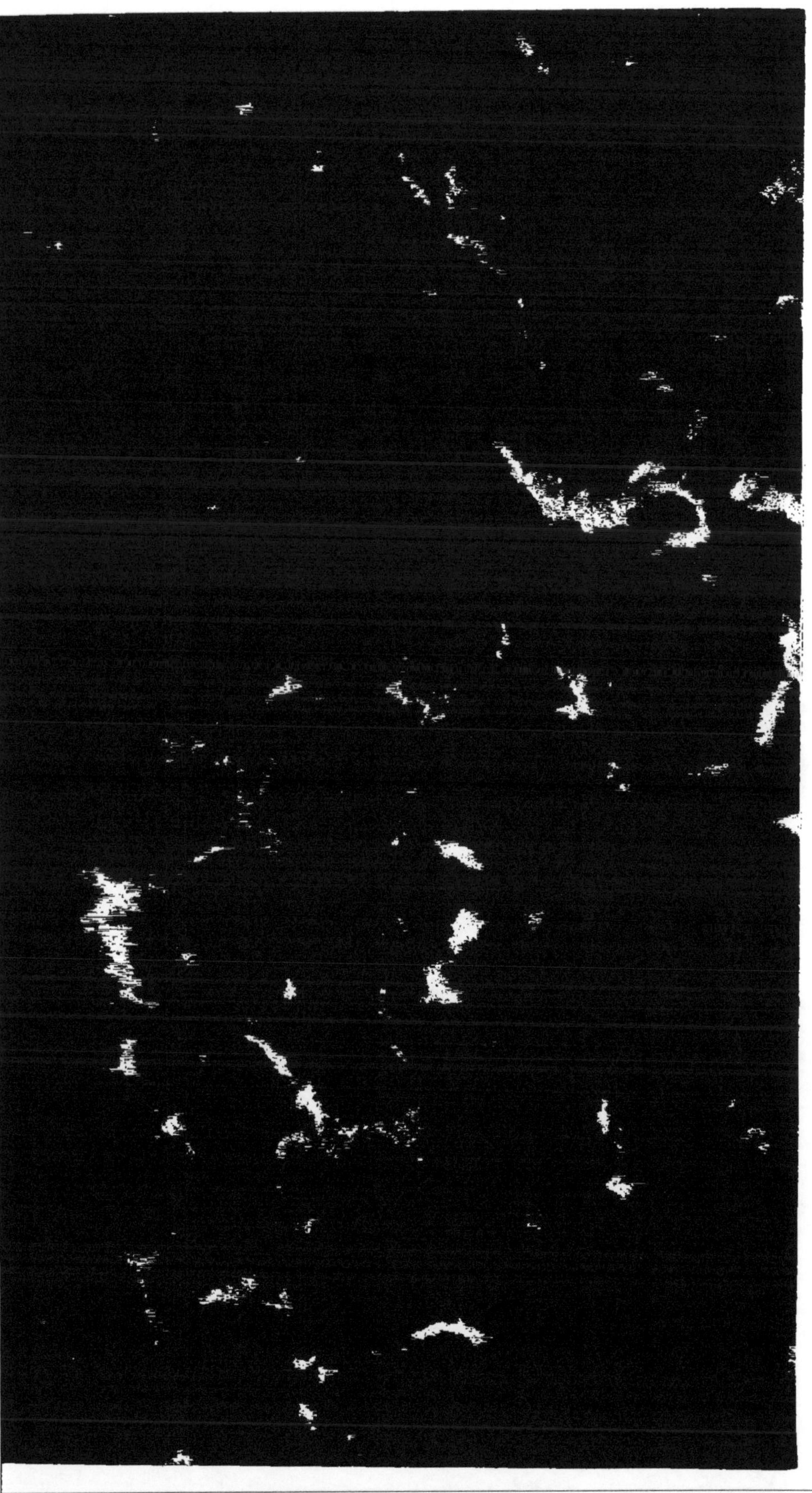

FÉLIX DE BONA

# VIE

DU

# GÉNÉRAL DROUOT

LIBRAIRIE DE L. LEFORT, ÉDITEUR

À LILLE [illegible]

rue Charles de Muyssart, 24 [illegible]

# VIE

DU

# GÉNÉRAL DROUOT





In-8° 2e série.

LE GÉNÉRAL DROUOT

FÉLIX DE BONA

# VIE

DU

# GÉNÉRAL DROUOT



Cet ouvrage
a obtenu une médaille d'honneur de la Société d'Encouragement au bien
dans sa séance du 21 mai 1882.

*Dieu et patrie !*

LIBRAIRIE DE J. LEFORT
IMPRIMEUR ÉDITEUR

LILLE
rue Charles de Muyssart, 24

PARIS
rue des Saints-Pères, 30

# AUX LECTEURS

Nous nous estimons heureux de pouvoir vous offrir la vie d'un soldat chrétien, merveille trop rare de nos jours.

Le brave Drouot, dont nous vous présentons la biographie, naquit pendant la tourmente révolutionnaire de 93 ; il avait sucé, avec le lait de sa mère, une foi qui ne chancela pas un seul jour ; sous la tente du soldat, dans la splendeur des palais, Drouot fut toujours publiquement chrétien. Puisse cet exemple, jeunes gens, vous fortifier contre les difficultés de l'heure présente; au milieu d'une société impie, la vraie vertu peut encore se voir honorée, respectée; la vie de votre compatriote vous en fournira une preuve éclatante.

Courage donc! à l'exemple du vaillant général Drouot, soyez braves et pieux, et prouvez à tous que la France n'a pas de plus fidèles enfants que ceux qui ont pris pour devise DIEU ET PATRIE!

F. DE B.

# VIE
DU
# GÉNÉRAL DROUOT

## CHAPITRE I

**Naissance. — Études. — Examen.**

Le 11 janvier 1774, la joie était grande dans un humble logis de la rue Saint-Thiébaut (1), à Nancy (Meurthe). Un garçon venait de naître au boulanger Drouot; c'était le troisième enfant que Dieu envoyait à cette famille, pauvre des biens de ce monde, mais riche de vertus et d'honneur.

Travailleurs infatigables, les époux Drouot, qui étaient de parfaits chrétiens, n'avaient qu'un

(1) La maison où est né le général Drouot existe encore aujourd'hui, et porte le n° 16.

but : élever leurs enfants dans leurs principes, afin qu'ils fissent leur salut en se rendant utiles sur la terre.

Celui dont nous nous occupons en ce moment reçut au baptême le nom d'Antoine, et, pour fêter dignement l'entrée dans la vie de son premier garçon, le brave boulanger Drouot, qui savait partager avec de plus pauvres, distribua du pain aux malheureux réunis devant sa porte.

L'aisance était inconnue dans cette honnête famille; on avait appris à s'y contenter de peu; la femme était une bonne ménagère, douce et rangée, qui sut élever douze enfants et leur inculquer à tous des sentiments d'honneur et de religion. Une paix qui n'avait rien de terrestre enveloppait cette famille de justes, et le héros dont nous commençons la vie aima toujours à se rappeler cette atmosphère de foi et de vertu qui avait entouré sa tendre enfance.

Chacun avait sa part de labeurs dans la famille Drouot, et les enfants devaient, dès leurs plus jeunes années, rendre les services compatibles avec leur âge et leurs forces. La vie était sérieuse et régulière; le jeune Antoine subit de bonne heure cette influence, et il se fit remarquer par son ardeur au travail. Mais un goût, un attrait invincible le poussait vers l'étude. A l'âge de trois ans, il demanda avec instances à être admis à l'école des Frères de la Doctrine chrétienne; mais son jeune âge lui en fit refuser l'entrée. Il pleura beaucoup; ce fut là son premier chagrin!

On le reçut enfin, et bientôt il fit tant de progrès, que les bons Frères, frappés de l'intelligence et de l'application de cet enfant, conseillèrent aux parents de lui faire suivre des cours plus avancés. Il entra comme externe au collège de Nancy, et passa bientôt un examen où il fut classé parmi les premiers. Grâce à cette circonstance et à la recommandation du Frère supérieur, il obtint une bourse, et put ainsi rentrer au lycée.

Tout en recevant une instruction supérieure à celle qui était donnée à ses autres frères, il ne pensait pas que l'étude dût l'exempter de sa partie de travail dans la famille, ni que la fatigue le dispensât de l'étude. On le voyait donc, au retour du collège, porter le pain chez les clients, et le pauvre Antoine, dont le père était incapable de le guider dans les difficultés de la science, était obligé d'élaborer seul ses thèmes et ses versions dans la salle commune de la famille, subissant dans ses oreilles et son esprit les inconvénients d'une perpétuelle distraction, au milieu de l'importun tapage que faisaient ses jeunes frères et ses petites sœurs, et du mouvement que rendait inévitable cette agglomération de monde.

Le soir, on éteignait la lumière de bonne heure, par économie, et le pauvre écolier devenait ce qu'il pouvait, heureux lorsque la lune favorisait par un éclat plus vif la prolongation de sa veillée. On le voyait profiter ardemment de ces rares occasions.

Dès les deux heures du matin, quelquefois plus

tôt, il était debout ; c'était le temps où le travail de la boulangerie recommençait, à la lueur d'une seule et mauvaise lampe, et le zélé jeune homme se hâtait de profiter de cette occasion qui lui était offerte de reprendre ses travaux. Mais la lampe infidèle, éteinte avant le jour, ne tardait point à lui manquer de nouveau ; alors il s'approchait du four ouvert et enflammé, et continuait à ce rude soleil la lecture de Tite-Live ou de César (1).

Son père, heureux de tant de constance, lui disait : « Courage, courage, mon Antoine; tu auras bien du mal ! »

A cet âge où les jeunes gens croient avoir tant besoin de camarades, il vivait retiré, n'ayant que bien peu de liaisons ; il travaillait et étudiait, c'était là toute sa vie.

Les professeurs s'étaient attachés à cet enfant studieux et grave. L'un d'eux, le bon M. Spitz, professeur de mathématiques (2), se fit un plaisir de lui donner gratuitement des leçons supplémentaires le jeudi et le dimanche. Ce fut de la sorte que, tout en pétrissant, tout en surveillant la fournée, Antoine arriva à savoir bien plus de choses qu'il n'en aurait appris au collège ; et qu'il parvint à posséder une connaissance très étendue des sciences mathématiques, pour lesquelles il était doué d'une aptitude particulière.

A seize ans, Drouot avait tellement expérimenté le bonheur que procurent la piété, le travail et

(1) P. Lacordaire, *Éloge funèbre du général Drouot.*

(2) Voir, à la fin du volume, la note I.

l'étude ; les privations auxquelles il était accoutumé lui coûtaient si peu, qu'il songeait à se condamner à une vie laborieuse et mortifiée pour le reste de ses jours, en revêtant l'habit de chartreux. La révolution, en supprimant les ordres religieux, le fit renoncer à ce dessein, et le jeune Nancéien dut choisir une autre carrière.

Celle qu'il adopta diffère moins qu'on ne le pourrait croire, au premier abord, de celle dont il avait conçu la pensée (1).

Tel il eût été dans les cloîtres de Saint-Bruno, calme, simple, vivant du devoir, méprisant la mort et aimant la pauvreté, tel il fut dans les camps, sous le feu de l'ennemi. De toutes les analogies morales, nulle n'est plus frappante que celle qui existe entre le religieux et le soldat : c'est la même discipline et le même dévouement. Mais chez Drouot, à cause de l'extrême pureté de son âme, la ressemblance était plus vive et plus remarquable encore (2). Lequel se familiarise plus avec la mort que celui qui travaille chaque jour à creuser sa fosse, ou de celui qui affronte tous les jours face à face cette mort qui se multiplie autour de lui sous la forme de boulets volants de toutes parts (3)?

Cependant la France était envahie et appelait tous ses enfants sous les drapeaux, pour repousser l'ennemi. Le bon boulanger Drouot aimait sa

(1) Mme Bourdon, *Vie du général Drouot.*
(2) P. Lacordaire, *Éloge funèbre du général Drouot.*
(3) Mme Bourdon, *Vie du général Drouot.*

patrie de toutes les forces de son âme chrétienne ; sa souffrance était grande de ne pouvoir combattre pour elle. Ses enfants comprirent la tristesse du chef de famille, et Antoine demanda à partir pour l'armée.

« Non, dit le père ; il faut poursuivre les études commencées ; nous verrons plus tard. »

Un frère d'Antoine, moins âgé que lui de deux ans, entra un jour dans la boutique un sac de soldat à la main, et dit : « Mère, as-tu du linge ? un conscrit se contente de peu, »

La mère détourna la tête pour cacher ses larmes, et le père tendit sa rude main à l'enfant.

Le lendemain il partait pour la guerre, après avoir reçu la bénédiction de ses héroïques parents !

Dix jours après, à l'armée de Sambre-et-Meuse, l'enfant était frappé d'un boulet de canon en pleine poitrine ; il avait seize ans (1) !

La douleur fut profonde chez le boulanger, et, malgré ce terrible exemple, Antoine fit connaître à ses parents qu'ayant vu afficher un examen pour l'école d'artillerie de Châlons, il désirait s'y rendre.

« Tu as raison, lui dit le père, qui ne hasarde rien n'a rien ; si tu ne réussis pas, tu en seras quitte pour revenir, tu n'auras pas pour ça désappris la boulangerie.

— Va, mon Antoine, dit la mère, et que Dieu te bénisse ! »

L'argent manquant au logis, on ne put lui don-

(1) Général Ambert, *Vie du général Drouot.*

ner qu'un écu de six francs, un bâton et de gros souliers ferrés. Ce fut dans ce simple costume qu'il fit seul sa route, mangeant, au bord du chemin, un morceau de pain qu'il tirait de sa besace. Il prenait ainsi son repas, précédé et suivi d'une prière : ce fut une habitude de toute sa vie, à laquelle il ne manqua jamais, ni dans les camps, ni dans les palais.

Aussitôt arrivé à Châlons, il alla se faire inscrire, et, tout couvert encore de la poussière de la route, il entra dans la salle d'examen, où cent quatre-vingts candidats se trouvaient réunis. A la vue de cette espèce de petit paysan, maigre, chétif, à l'air ingénu, couvert d'habits taillés sans élégance dans du gros drap gris, et tenant à la main un chapeau de feutre commun, l'hilarité fut grande dans toute la salle. Le célèbre Laplace (1), qui présidait l'examen, s'interrompit au milieu d'une question scientifique qu'il posait, pour demander avec bonté au pauvre enfant s'il ne se trompait pas, et ce qu'il voulait.

« Pardon, Monsieur, répliqua le jeune homme, je suis inscrit sur la liste des candidats, et je viens pour passer l'examen. »

Cette réponse fut accueillie par un redoublement d'éclats de rire.

« Mais, reprit l'examinateur, vous savez que c'est un examen pour l'artillerie, vous connaissez donc les matières indiquées au programme?

— Monsieur, je les ai étudiées.

(1) Voir, à la fin du volume, la note II.

— Eh bien, mon ami, asseyez-vous, et lorsque votre tour viendra, je vous appellerai. »

Drouot alla s'asseoir dans un petit coin, un peu troublé par les rires moqueurs des autres jeunes gens.

Cependant il écoutait les questions de l'examinateur, les réponses des jeunes gens, et le courage lui revenait, car il se rendait la justice de reconnaître qu'il en savait bien autant qu'eux.

Enfin son tour arriva.

Drouot avouait depuis que jamais, sur aucun champ de bataille, son cœur n'avait battu avec autant de force. En se levant de son banc, une prière bien fervente monta de son âme à ses lèvres.

L'examen commença au milieu du silence le plus solennel, et bientôt l'on entendit merveille ; car non seulement Antoine répondait sans hésitation à toutes les questions du programme, mais encore à bien d'autres, que l'examinateur lui adressa dans le seul but de juger jusqu'où s'étendait le savoir de ce jeune homme. Cet examen dura deux heures, et Laplace eut la satisfaction d'entendre toujours des réponses claires, précises, indiquant une intelligence parfaitement organisée. Enfin il se lève, et lui, qui était très sobre d'éloges et de paroles, embrasse le jeune homme en lui disant : « C'est bien, très bien! vous pouvez être sûr d'être reçu en bon rang. »

Aussitôt les applaudissements et les bravos éclatent; tous ces jeunes gens ont à cœur de faire oublier l'inconvenance de la réception qu'ils ont faite à leur camarade, si instruit et si modeste; ils l'entourent et le complimentent. Le cher enfant était profondément heureux du bonheur qu'il allait donner à ses bons et dévoués parents. Il fut le premier de la promotion, qui comprenait cinquante-deux élèves!

Le lendemain, après quelques courses pour les formalités à remplir, il allait reprendre joyeusement la route de Nancy, quand ses condisciples, l'apercevant, s'élancent au-devant de lui et le portent en triomphe, sur leurs épaules, dans les rues de Châlons; ce fut là le péristyle de sa gloire.

Le souvenir de cette ovation resta gravé dans le cœur de Drouot, et, devenu vieux et infirme, quand il racontait cet événement, il disait avec émotion : « Ce fut un des plus beaux jours de ma vie. »

Le savant Laplace conserva aussi le souvenir de ce brillant examen; car plus de vingt ans après, il disait à Napoléon : « Sire, un des plus beaux examens que j'aie vu passer dans ma vie est celui de votre aide de camp, le général Drouot (1). »

(1) P. Lacordaire, *Éloge funèbre du général Drouot.*

---

# CHAPITRE II

**Début dans la vie militaire. — Les premières batailles.**

Drouot entra donc à l'école de Châlons, et au commencement de juillet, il reçut son brevet de lieutenant en second au 1er régiment d'artillerie, avec l'ordre de se rendre en garnison à Metz, où se trouvait alors l'état-major de ce régiment. Il continua là comme à Nancy sa vie calme, studieuse et solitaire, accomplissant ses devoirs avec une scrupuleuse exactitude, et donnant à l'étude de la tactique tout le temps dont il pouvait disposer.

Comme il était bon et serviable, ses camarades l'aimaient et finirent même par respecter son goût pour la solitude.

Un jour que quelques-uns d'entre eux allaient lui demander un service, ils le trouvèrent occupé à étudier les manœuvres d'artilleur avec des morceaux de bois de menuiserie, disposés, selon l'instruction, comme les canonniers qui servent la pièce ; il faisait les commandements et les mouvements convenables à chaque fonction (1).

Mais il ne resta pas longtemps dans sa tranquille garnison de Metz; nous le trouvons, le 8 septembre 1793, à la fameuse bataille de *Hondschoote*.

L'armée anglo-hollandaise assiégeait la ville de Dunkerque; malgré l'énergie du général Souham qui, secondé par le jeune Lazare Hoche, soutenait le courage des habitants et faisait des sorties, l'ennemi tenait ferme, et la famine allait bientôt avoir raison des vaillants Dunkerquois.

Carnot donna heureusement l'ordre au général Houchard, commandant l'armée du Nord, de marcher en avant et de voler au secours de l'héroïque ville. Ce fut là où, pour la première fois, Drouot se trouva en face de l'ennemi; son âme vaillante se trouva à la hauteur des circonstances.

Deux sorties avaient été repoussées; à la troisième, Drouot, en l'absence de son capitaine et du premier lieutenant, se met à la tête de sa compagnie. Après avoir examiné rapidement le terrain, il parvient à placer si heureusement ses canons qu'il s'empare d'une redoute longtemps disputée. Les ennemis, chassés aussitôt des hauteurs de Dunkerque, sont obligés de lever le siège, et, profitant de la nuit, le duc d'York s'empresse d'abandonner son camp.

Drouot veut poursuivre les fuyards, mais on

(1) J. Nollet, *Biographie du général Drouot.*

2

l'arrête sous prétexte que les troupes sont fatiguées; c'est alors qu'il fit cette noble réponse : « Des troupes victorieuses n'ont pas besoin de repos. »

Carnot, Moreau, Houchard et Hoche, témoins de son courage et de la justesse de son coup d'œil, lui assurent que c'est à lui que l'on doit la victoire et l'en remercient chaleureusement.

Drouot reçut bientôt le titre de lieutenant en premier et passa à l'armée de Sambre-et-Meuse.

Le 26 juin 1794, sous le commandement de Jourdan, il prit part à cette grande bataille de Fleurus, qui nous livra la Belgique et la Hollande. Qui dira tous ses actes de dévouement et de patriotisme! qui racontera ses exploits pendant ces années de 1794 et 1795, où il fut toujours sur les champs de bataille!

Aussi longtemps que Drouot fut dans les grades inférieurs, toutes ses actions ne furent pas publiées par la renommée; mais peu importait à celui qui accomplissait son devoir pour l'amour du devoir lui-même, et non pas pour l'honneur qui pouvait lui en revenir de la part des hommes.

Sa bravoure était calme, froide, sans mise en scène, et pour ainsi dire religieuse. A ses yeux, combattre était l'accomplissement d'un devoir sacré (1)!

Il n'y avait pas trois ans que Drouot avait fait ses premières armes quand il fut nommé capitaine (le 25 février 1796); il avait alors vingt-deux ans!

(1) Général Ambert, *Vie du général Drouot.*

Ses artilleurs avaient pour lui un respect profond; il était pour eux comme un père : il leur recommandait de ne pas oublier leurs parents, et souvent sa bonté le portait à servir de secrétaire à ceux de ses soldats qui ne savaient pas écrire. Il était sévère cependant, ne pardonnant pas la moindre atteinte à la discipline, et exigeant pour la tenue; aussi sa compagnie était-elle citée comme la meilleure et la plus belle du régiment.

Drouot se faisait un devoir d'écrire régulièrement à ses bons parents, et il conservait religieusement une Imitation de Jésus-Christ donnée par sa pieuse mère au moment de son départ; ce fut toujours son livre de prédilection, et il ne s'en sépara jamais.

Spectacle merveilleux que la vie de ce modeste, pieux et loyal soldat, pendant cette époque de troubles et d'impiété; sa foi pure et vaillante ne chancela pas un seul jour; il était l'exemple de tous, et nul n'osa jamais élever une voix moqueuse contre la piété du juste et bon Drouot : tant il est vrai que la vraie vertu, surtout quand elle est jointe à des qualités supérieures, commande le respect, même de ceux qui ne croient pas en elle!

Les connaissances mathématiques du jeune capitaine avaient été remarquées; il fut, pour cette raison, envoyé à Bayonne et chargé des travaux de la place.

Il lui arriva dans cette ville un grave accident, qui fut bien certainement la cause déterminante de la cécité dont il se vit atteint à la fin de sa vie.

Chargé de visiter tous les canons des forts, que l'on désarmait, il se fit aider par un sous-officier qui devait s'assurer devant lui que les pièces n'étaient plus chargées. Le tire-bourre ayant ramené du fond de l'une d'elles un boulet et sa gargousse, Drouot, pour achever l'inspection du canon, introduisit une bougie jusqu'au fond de l'âme : une seconde charge de poudre qui y restait encore s'enflamma, et Drouot eut la figure toute brûlée. Les yeux furent particulièrement atteints ; il resta plus de six semaines sans pouvoir les ouvrir.

Sa mission terminée, fin décembre 1798, il fut envoyé à l'armée de Naples, alors sous le commandement de Macdonald, depuis duc de Tarente.

En juin 1799 eut lieu la sanglante bataille de la Trébia, qui dura trois jours, et pendant laquelle soixante-dix mille coups de canon furent tirés. Souvarow voulait barrer le chemin à notre héroïque armée, qui, écrasée par les masses russes et autrichiennes, cherchait à rejoindre, dans le Piémont, le corps de Moreau. Drouot s'offre pour combattre l'ennemi et couvrir la retraite ; grâce à son habileté, à son courage et à son sang-froid, il parvint à placer si heureusement ses batteries sur le bord de la rivière, qu'il arrêta le corps de Souvarow pendant plusieurs heures : ce fut assez pour donner à Macdonald le temps d'opérer sa retraite et appuyer la défense de son arrière-garde.

Profondément reconnaissant envers le jeune capitaine, le duc de Tarente conserva toute sa vie le souvenir de l'officier de la Trébia, et ce service établit entre ces deux grandes âmes une amitié profonde qui s'épancha pendant de longues années dans une correspondance d'un intérêt touchant. On n'eût pu croire que tant de délicatesse ingénieuse et tendre sortît de l'âme de deux vieux soldats (1).

Le service que Drouot avait rendu en cette circonstance devait se renouveler plusieurs fois pendant le cours de sa glorieuse carrière. Doué d'un coup d'œil sûr, d'une intrépidité égale à sa présence d'esprit, il possédait l'art d'obtenir du canon dans un moment donné un effet décisif (2).

Promu au grade d'officier d'état-major le 23 août 1799, il se rendit à Metz. L'année suivante, au mois de mai, il est nommé capitaine d'état-major dans l'armée du Rhin, sous le commandement du bon et brave général Eblé. Le 3 décembre 1800 eut lieu la fameuse bataille de Hohenlinden à laquelle il assista.

L'archiduc Jean, qui commandait les Autrichiens, fut complètement défait. Nos troupes victorieuses espéraient marcher sur la capitale; mais l'armistice de Steyer sauva Vienne.

Le général en chef Moreau avait remarqué le vaillant Drouot, et un jour, l'ayant à sa table, il dit à son état-major qui s'entretenait des guerres de la république et des actes de bravoure dont elles avaient été l'occasion : « J'ai vu des choses

(1) P. Lacordaire, *Éloge funèbre du général Drouot.*
(2) Ib. Ib.

bien surprenantes; mais ce qui m'a le plus frappé, c'est une batterie placée dans une redoute par un enfant, et cet enfant, c'était le brave Drouot que vous voyez (1)! » (Allusion à la bataille de Hondschoote).

Bientôt Drouot quitta l'armée du Rhin pour une importante mission qui lui était confiée par le général Eblé.

Il s'agissait de visiter tous les établissements de Styrie dans lesquels les Autrichiens fabriquaient leurs canons de fer pour la marine et pour l'armement des places. Il se montra à la hauteur de cette tâche, et fit un rapport parfaitement rédigé sur les travaux métallurgiques, exécutés dans les différentes fabriques qu'il avait visitées (2).

Ce remarquable rapport est encore maintenant aux archives de la guerre avec une flatteuse approbation des célèbres savants Monge (3) et Berthollet (4).

Le général Eblé, appelé à Paris par ses fonctions, désirait conserver Drouot auprès de lui; car il avait su apprécier les connaissances sérieuses, les bonnes qualités et la droiture de cet homme vertueux et modeste. Il demanda et obtint pour lui une commission d'aide de camp.

Arrivé à Paris, Drouot mit comme toujours son temps à profit. Avide d'instruction, il disposa si

(1) Général Ambert, *Vie du général Drouot.*

(2) J. Nollet, *Biographie du général Drouot.*

(3) Voir, à la fin du volume, la note III.

(4) Voir, à la fin du volume, la note IV.

bien l'emploi de sa journée, qu'il put suivre exactement les cours publics du célèbre Vauquelin (1).

Après trois mois de séjour dans la capitale, Drouot et Evain — ce dernier fut toujours son fidèle et intime ami — accompagnèrent le général Eblé dans ses tournées d'inspection, jusqu'à la fin de 1803. Mais bientôt ces trois hommes d'élite, qui avaient su si bien se comprendre, furent obligés de se séparer ; le général, nommé en Hollande, ne put emmener que le général Evain, et le modeste Drouot alla reprendre le commandement de sa compagnie, où il resta jusqu'en 1804.

(1) Voir, à la fin du volume, la note V.

---

## CHAPITRE III

**Garnison de la Fère. — Mort de son père.**

Le jeune capitaine fut envoyé à la Fère, où le colonel Pernety (1) commandait le premier régiment d'artillerie.

Dans cette nouvelle garnison, Drouot reprit, comme partout, sa vie studieuse et retirée. Il profita de cette tranquillité pour étudier les embarquements et les débarquements, car à cette époque on parlait beaucoup d'une prochaine guerre navale.

Il fut bientôt nommé capitaine d'habillement, cumulant cet emploi avec celui de directeur du parc.

Ses supérieurs le citaient comme un modèle de zèle et de ponctualité dans toutes les parties du service; malgré sa position déjà élevée, il était simple et bon avec tous. Ce que l'on remarquait principalement, c'est qu'il ne réclamait jamais des

(1) Voir, à la fin du volume, la note VI.

autres ce qu'il pouvait faire lui-même; capitaine chargé du polygone, on le voyait aller chercher la pelle, l'écouvillon, tout en dirigeant les manœuvres de la construction des batteries.

Nous avons encore un beau trait de droiture et de loyauté à citer pendant ce même séjour à la Fère.

Comme capitaine d'habillement, il recevait les fournisseurs.

Un jour, un de ces derniers se présenta chez lui, et après avoir causé quelque temps, il lui dit : « Capitaine, je vous prie de vouloir bien agréer ce petit souvenir, » et il lui présentait un billet de six cents francs. Comme le capitaine ne comprenait pas, le fournisseur ajouta : « C'est l'habitude, toujours vos prédécesseurs ont accepté.

— Comment, répliqua Drouot, vous pouvez faire ainsi des cadeaux sans que cela nuise à vos affaires?

— Mais, capitaine....

— Eh bien, reprit Drouot, reprenez ces six cents francs, et mettez sur la facture de mon régiment que vous avez reçu cette somme à compte sur le montant de votre fourniture. »

Il reçut bientôt de tristes nouvelles de la maison paternelle : son père était gravement malade et demandait à le revoir. Drouot sollicita un congé, qui lui fut aussitôt accordé, et, pour la première fois depuis son entrée au service, il revint à Nancy. Dans toute autre circonstance, quelle fête pour son cœur, que de rêves il avait faits pour cet heureux moment; tandis que maintenant, c'est l'âme triste, les yeux mouillés de larmes qu'il accourt vers cette chère maison qui renferme tout ce qu'il aime. La famille entière était réunie autour du lit de cet homme juste, de ce chef de famille qui avait si vaillamment rempli sa tâche, en luttant et en travaillant. La présence de son fils Antoine ranima le mourant. Après avoir reçu les secours de l'Église, il expira paisiblement en bénissant tous les siens, et en particulier le jeune capitaine. Le coup fut rude pour le brave officier; mais il comprit qu'il ne devait songer qu'à consoler sa bonne et digne mère, et il refoula au fond de son âme la douleur qui l'accablait.

Il lui fallut cependant s'arracher bientôt de Nancy pour retourner à son régiment. Ce ne fut pas sans regrets qu'il prit congé de toute sa famille. Ses frères et sœurs le considéraient avec une sorte de respect, car Antoine était pour eux l'orgueil de la maison, c'était un savant, un brillant capitaine; mais la mère, qui connaissait mieux l'âme de son fils, disait : « C'est par-dessus tout un homme de bien, un serviteur utile au pays (1)! »

Rentré à la Fère, le pauvre Drouot, accablé de tristesse, ne trouvait même plus dans l'école les consolations accoutumées.

Un autre chagrin pour lui était de voir partir des hommes de chaque régiment, tandis qu'il restait là ne faisant partie d'aucune expédition.

(1) Général Ambert, *Vie du général Drouot.*

On armait alors de tous côtés, et c'est avec instances qu'il demandait à prendre une part active à la guerre. Toutes ses lettres à cette époque témoignent de son grand découragement et de la peine qu'il ressentait de rester en quelque sorte inoccupé.

Le 5 août 1804, Drouot reçut la décoration de la Légion d'honneur. Les colonels Lauriston et Pernety l'avaient sollicité pour lui, car jamais il n'eût songé à rien demander : il avait alors onze ans de bons et loyaux services ! Le bonheur qu'il ressentit de cette distinction fut empoisonné par la pensée de la perte de celui qui en aurait été si heureux, et qui n'était plus là pour jouir des récompenses accordées à son fils ; ce souvenir amer lui enlevait la moitié de son bonheur.

---

# CHAPITRE IV

**Campagne d'Amérique. — Directeur des manufactures.**

Les vœux de notre vaillant capitaine furent enfin exaucés : le général Lauriston, qui en diverses circonstances avait apprécié le talent militaire et les connaissances de Drouot, le demanda à Bonaparte pour l'expédition qui se préparait à Toulon, et, en effet, le 13 novembre 1804, Drouot arriva dans ce port (1) pour se joindre aux troupes de débarquement. Il était sous les ordres des généraux Lauriston et Reille, et fut nommé directeur du parc d'artillerie. Lauriston, aide de camp de Napoléon, avait été chargé de composer un corps de six mille hommes, parfaitement choisis, avec cinquante bouches à feu et un matériel de siège. Tous ces préparatifs s'étaient faits sans bruit; personne n'était initié au secret de l'entreprise; les capitaines avaient seulement des points de

(1) Drouot ne fit point partie de l'expédition d'Égypte comme le marquent diverses notices, entre autres le *Dictionnaire historique et biographique des généraux français*, par le chevalier de Courcelles.

rendez-vous fixés en cas de séparation. L'on se perdait en conjectures; mais peu importait à Drouot, son vœu le plus ardent était de se mesurer avec l'ennemi. « Je désire seulement, disait-il, avoir l'occasion de servir avec utilité, et de rentrer à mon régiment avec quelque gloire. »

L'escadre était commandée par l'amiral Villeneuve, qui fut retenu à Toulon par un vent debout, depuis la fin de décembre jusqu'au 18 janvier. Ce jour-là, les vents ayant changé, il appareilla, et parvint, en prenant un détour, à se soustraire aux vaisseaux anglais, qui faisaient le guet, inquiets qu'ils étaient de nos préparatifs. Mais la nuit amena une grosse tourmente; l'inexpérience des équipages et des défauts de construction exposèrent plusieurs de nos bâtiments à de fâcheux accidents. L'escadre fut dispersée, et Villeneuve se vit obligé de rentrer dans le port.

Le matin, il s'aperçut que la frégate *l'Hortense*, forte de quarante canons, et qui lui servait d'aide de camp, n'avait pu rentrer à Toulon. C'est sur cette frégate qu'était monté Drouot, qui souffrait beaucoup en mer, et sans relâche, si ce n'est quand, à la rencontre de vaisseaux ennemis, il entendait le bruit du canon; alors, reprenant ses sens et sa force morale comme par enchantement, il paraissait debout sur le pont, animé et maître de lui, jusqu'à ce que, le combat étant fini et le péril passé, le mal de mer reprenait son empire avec une nouvelle énergie (1).

(1) P. Lacordaire, *Éloge funèbre du général Drouot.*

*L'Hortense* avait été séparée de la flotte avec *l'Incorruptible*. Deux frégates anglaises les avaient suivis depuis Toulon; un combat acharné ne tarda pas à s'engager. Le 3 février 1805, à la hauteur du cap d'Alger, *l'Hortense* et *l'Incorruptible* s'emparèrent d'un navire anglais escorté par la corvette *l'Arrow* et la bombarde *l'Achèron*. Dans cet engagement, *l'Hortense* eut onze hommes tués, huit blessés, et éprouva de grandes pertes à sa mâture, ce qui l'obligea à réparer ses avaries à Malaga; elle dut y rester sept jours avant de reprendre la mer. Elle revint enfin à Toulon, où l'amiral l'attendait, fort inquiet sur son sort. Drouot fut heureux de toucher la terre, et il écrivait à cette époque : « La campagne, que j'ai toujours aimée, m'a paru infiniment plus belle qu'autrefois; je ne pouvais pas me lasser de voir les arbres en fleurs, les prairies couvertes de verdure. »

Bientôt il fallut se rembarquer. Napoléon tenait à son plan, qui était de frapper un grand coup sur les Anglais; mais, voulant leur cacher ses projets de descente chez eux, il avait imaginé, pour leur donner le change, de les attirer au loin; c'était dans ce but qu'il envoyait une escadre ravager leurs possessions dans les Antilles.

Ordre avait été envoyé à Villeneuve de profiter du premier vent propice pour mettre à la voile. Le 25 mars, Drouot se rembarqua sur *l'Hortense;* le matériel d'artillerie consistait en treize pièces de bataille, six pièces de siège, quartre mortiers.

L'adjudant-commandant, chef d'état-major, était M. Contamines; l'escadre comprenait onze vaisseaux dont quatre de quatre-vingts, six frégates, deux bricks ou corvettes. Le général Lauriston avait été placé par l'empereur près de Villeneuve, pour le soutenir et l'exciter.

Pendant cette nouvelle traversée, Drouot employait les rares moments que lui laissait la maladie à étudier avec les officiers de marine; quelquefois il faisait le quart avec eux, s'intéressant à tout; il profitait de toutes les circonstances pour accroître ses connaissances.

Le 11 mai, *l'Hortense* captura, à quarante lieues de la Martinique, la corvette anglaise *la Cyane,* forte de vingt-huit canons et de cent vingt-cinq hommes d'équipage; enfin le 15 mai, on arriva à la Martinique.

Villeneuve avait ordre d'y attendre l'amiral Gantheaume, qui devait venir le rejoindre avec sa flotte mouillant dans la rade de Brest; un phénomène extraordinaire dans cette saison, un équinoxe sans coup de vent, avait empêché cet amiral de sortir du port.

En l'attendant, les Français attaquèrent le fort du Diamant, qui est placé devant la Martinique. Sous le commandement de Drouot, ce fort fut canonné par plusieurs vaisseaux; puis quelques centaines d'hommes débarqués dans des chaloupes l'enlevèrent.

Pour ne pas exposer les équipages aux maladies qu'ils commençaient à gagner en séjournant dans ces régions, on résolut de tenter un coup de main sur la Barbade où les Anglais avaient d'importants établissements militaires; mais on n'alla pas plus loin qu'Antigoa. Villeneuve, ayant aperçu quelques vaisseaux anglais, crut qu'il allait voir fondre sur lui la flotte du célèbre Nelson; la peur le prit, et, malgré les instances de Lauriston, il rebroussa chemin.

Gantheaume n'étant toujours pas arrivé — il était, comme nous l'avons dit, enfermé dans la rade de Brest, — Villeneuve donna ordre de quitter la Martinique; ce fut le 6 juin que la flotte se mit en route pour l'Europe.

Abandonnant *l'Hortense,* Drouot monta sur le *Bucentaure*. Tout alla bien pendant quelque temps, on ne rencontrait pas d'ennemis, quand tout à coup, le 23 juillet, on aperçut la flotte de sir Richard Calder; c'est alors qu'eut lieu la bataille navale du Ferrol.

Une brume épaisse contraria les plans de l'amiral; chaque navire ne voyait que celui qu'il avait devant lui, et n'en pouvait combattre d'autre. Deux vaisseaux espagnols, nos alliés, *le San-Firmo* et *le San-Rafaël*, furent pris par les Anglais. Ainsi finit ce combat qui aurait pu passer pour une victoire sans la perte de ces deux vaisseaux; les Anglais avaient été beaucoup plus maltraités que nous. On fut obligé de relâcher à Vigo. La flotte vint ensuite au Ferrol; puis, le 2 août, à la Çorogne, où elle fit sa jonction avec l'escadre, ce qui la porta à vingt-neuf vaisseaux, dont onze espagnols (1).

(1) Thiers, *Le Consulat et l'Empire,* tome V, livre XXI.

Enfin, le 20 août, l'amiral Villeneuve entra dans la rade de Cadix. Les troupes de terre furent débarquées ; de ce nombre fut Drouot, qui craignait encore d'être obligé de reprendre la mer comme le témoigne une de ses lettres (1) ; mais il fut appelé à un nouveau poste, et n'assista pas au fameux combat de Trafalgar (2).

Mandé à Paris, il traverse toute l'Espagne avec le major Aboville, et trouve en arrivant en France son brevet de chef de bataillon au troisième régiment d'artillerie à pied. Après un an d'embarquement, Drouot vint passer huit jours à Nancy près de sa bonne et vénérable mère. Est-il besoin de peindre le bonheur de ces deux cœurs si généreux, si aimants. Il fut de courte durée. Drouot reçut bientôt l'ordre de se rendre à Strasbourg ; mais sa destination fut changée : le général Gassendi le fit nommer chef de bataillon au quatrième régiment d'artillerie, où le jeune Bonaparte avait été lieutenant en 1785, et fut envoyé à Maubeuge comme directeur de la manufacture d'armes.

Il devait éprouver plus d'un déboire dans sa nouvelle position, qui était loin d'être conforme à ses goûts ; la guerre l'attirait, et il désirait vivement retourner dans l'armée active. « On trouverait, disait-il, cinquante officiers capables d'être dans les manufactures. »

Il dut cependant se résigner, et mit tous ses

(1) Voir, à la fin du volume, la note VII.

(2) Comme l'ont dit plusieurs de ses historiens, entre autres M. H. Lepage.

soins et toute son intelligence à l'accomplissement de sa charge.

Le 6 mars 1806, le général Gassendi le chargea d'examiner la qualité du fer de Charleville. Toujours prêt et sans perdre une minute, il se mit au travail. Arrivé le 7, la commission fonctionnait le 8; le 17, on forgeait des canons qui furent éprouvés le 1er avril; puis il visita quelques usines, et, le 13 du même mois, il était de retour à Maubeuge.

Un grand découragement l'avait envahi. Bien qu'il consacrât tout son temps et les soins les plus intelligents à la fabrication des armes, il essuyait cependant des reproches injustes; car tout le mal venait de la mauvaise qualité des fers que l'on employait contrairement à ses avis. Ce fut à cette époque qu'il écrivait :

« Je ne cache pas, que si l'on devait continuer à employer des fers de médiocre qualité, ou si d'autres causes s'opposaient à la bonne confection des armes, j'abandonnerais le métier. Puisque je n'ai pas pu obtenir l'ordre d'aller à l'armée, j'aimerais mieux donner ma démission et aller servir avec honneur comme soldat, que d'être exposé à recevoir ici des reproches (1). »

Enfin ses justes réclamations furent entendues, et on lui annonça que les fers des forges de Berchewé allaient servir pour la confection des armes; il s'écria :

« Ce moment est le seul où j'aie éprouvé de la

(1) J. Nollet, *Biographie du général Drouot.*

satisfaction depuis que je suis employé dans les manufactures. »

A la fin de son séjour à Maubeuge, il lui arriva un grave accident. Demeurant assez loin de l'usine, il s'y rendait chaque jour à cheval, en lisant, car jamais il ne perdait une minute. Dans un chemin creux et pierreux, son cheval s'abattit en se renversant sur son cavalier, dont un pied se trouva pris dans l'étrier. En se relevant, le cheval prit le galop, traînant le pauvre Drouot, dont le corps pendait sur le sol; heureusement que sa tête fut préservée par les basques de son habit, qui, remplies de papiers, adoucirent les cahots de cette horrible course. L'animal, haletant, s'arrêta devant la porte de la fabrique. Tous les ouvriers accoururent et donnèrent les premiers soins à leur bon directeur qu'ils aimaient, car il s'était toujours montré affectueux et juste. Il n'y avait pas de contusions graves, mais Drouot dut garder le lit pendant plus d'un mois.

Au commencement de 1807, le 19 janvier, il fut nommé major lieutenant-colonel du troisième régiment. Il continua cependant à résider à Maubeuge jusqu'à la fin du mois d'août. A cette époque, le ministre de la guerre l'envoya à Charleville, avec Rollé-Baudréville (1), pour étudier les causes qui empêchaient la manufacture d'armes de Charleville de produire autant que celle de Maubeuge.

A la suite du rapport savant et précis de ces

(1) Voir, à la fin du volume, la note VIII.

deux officiers, Drouot fut nommé inspecteur à Charleville, et celui de cette ville fut envoyé à Maubeuge. Ce changement déchaîna l'envie contre l'honnête soldat de Nancy, et peu de temps après son installation dans sa nouvelle résidence, il eut la douleur d'apprendre que le nouveau directeur de Maubeuge avait fait scier un assez grand nombre de fusils reçus par lui. Inutile de peindre son chagrin; car, toujours consciencieux, il avait rempli loyalement sa tâche. Il réclama une enquête près du général Gassendi (1). Et le ministre de la guerre répondit aussitôt en flétrissant ce fait odieux et ordonnant que les bois détruits illégalement fussent remplacés aux frais de celui qui les avait fait scier. Ce fut la dernière épreuve de Drouot pendant ces ingrates fonctions; il resta à Charleville jusqu'au 24 février 1808.

(1) Voir, à la fin du volume, la note IX.

---

## CHAPITRE V

### Guerre d'Espagne.

Après de nombreuses demandes, Drouot fut enfin envoyé en Espagne. Il arriva à Madrid le 11 mars et fut nommé directeur général des parcs de l'artillerie. Ce grade lui faisait prendre place parmi l'état-major du général de Lariboisière, commandant l'artillerie de la garde impériale et commandant en chef l'artillerie de l'armée d'expédition.

Profondément heureux de sortir d'un emploi qui n'était pas selon ses goûts, et où il avait eu beaucoup à souffrir, Drouot se mit avec ardeur à la besogne. Toujours modeste et réservé, il ne s'occupait que de son devoir, remplissait toutes ses fonctions avec intelligence et ponctualité, et passait inaperçu au milieu des autres officiers qui, dans leurs loisirs, menaient joyeuse vie. Jamais on ne rencontra une seule fois le major Drouot au spectacle; il n'allait pas dans le monde, et refusait poliment les invitations qu'il recevait. Il était alors âgé de trente-quatre ans; sa vie était celle d'un homme studieux et d'un militaire modèle; aussi le général Lariboisière ne tarda-t-il pas à remarquer ce soldat austère qui accomplissait tous ses devoirs avec une exactitude exemplaire. Le bon général lui voua dès lors une affection profonde. Pendant le premier mois du séjour des Français à Madrid, la famille royale d'Espagne se laissa entraîner à Bayonne et fut déchue du trône. Les Espagnols, déjà furieux de l'occupation française, furent exaspérés de l'enlèvement de leurs princes. Tous unirent leurs ressentiments, et un complot habilement conçu et exécuté éclata le 2 mai comme un coup de tonnerre.

Cette révolte rappelle les *Vêpres siciliennes* (1); même fureur, même animosité contre l'étranger.

Les Espagnols se soulevèrent dans toutes les provinces, tuant et égorgeant les Français. Nos principaux officiers logeaient chez les bourgeois, le bon Drouot comme les autres; mais il s'était fait aimer dans sa nouvelle demeure; aussi fut-il plus qu'étonné quand le propriétaire vint lui dire, le 1er mai, d'un air très embarrassé, qu'il avait loué son logement et qu'il devait en être parti le lendemain matin. Le major Drouot ne comprit rien à cette brusque résolution, qui contrastait d'une manière si étrange avec tous les égards et les soins dont on l'avait entouré; il demanda des explications qu'il ne put obtenir.

(1) Voir, à la fin du volume, la note X.

Dès le matin du 2 mai, il se mit en quête d'un nouveau local, et allait sortir de la maison, quand une femme du peuple, armée d'un poignard, se jeta au-devant de lui. Drouot fut assez heureux pour détourner le coup; mais bientôt il entendit des cris affreux et vit de nos soldats courir, affolés, dans toutes les directions, poursuivis par des Espagnols armés. La femme qui l'avait manqué se mit à courir après le pauvre major, et fut bientôt suivie d'une bande d'égorgeurs. Drouot, jugeant la lutte impossible, cherchait à se dérober à cette foule d'assassins en se jetant d'une rue dans l'autre, espérant ainsi les dépister, quand il aperçut tout à coup une nouvelle troupe d'ennemis qui venaient vers lui. Une ruelle étroite se trouvait sur son chemin; il s'y jeta à tout hasard, et grâce à un dédale de petites rues, il parvint à se soustraire aux forcenés qui le poursuivaient, et arriva enfin sans blessures au quartier général, où tout était dans le plus grand trouble, en présence d'un pareil soulèvement. Drouot apprit alors seulement le complot dont il avait failli être une des victimes, et comprit que l'Espagnol chez lequel il demeurait, instruit de cette affreuse boucherie, n'avait pas voulu le laisser poignarder chez lui.

Bientôt nos troupes finirent par êtres réunies sous le commandement du grand duc de Berg; on tira le canon dans la ville, des représailles inévitables eurent lieu, et des flots de sang coulèrent dans cette journée de triste mémoire. Les Français, furent, dès le soir, maîtres de la capitale, et le calme finit par se rétablir. Le général Lariboisière chercha un moyen de prévenir une nouvelle révolte; il fallait, par la force, imposer la crainte aux habitants; pour cela voici ce qu'il fit.

Le général s'empara d'une maison royale de plaisance, appelée le *Retiro*, dont le parc longeait la promenade du Prado. Située sur une petite éminence, cette habitation dominait la ville : il résolut d'en faire une enceinte retranchée, afin de mettre en sûreté le matériel de l'artillerie et d'effrayer les habitants. Le major Drouot fut nommé directeur en chef des travaux et de l'armement du Retiro. Se mettant aussitôt à l'œuvre, le zélé directeur fit des prodiges; malgré la faiblesse de son tempérament, on le vit constamment le premier à la besogne et le dernier à se retirer : la volonté et le sentiment du devoir étaient si forts chez lui, qu'ils doublaient ses forces. Qui dira toutes ses fatigues et ses peines pendant cet excessif travail, qui dura plusieurs mois, sous une température sénégalienne? Mais ses efforts furent couronnés de succès, et l'arsenal du Retiro, parfaitement organisé, put défier une nouvelle révolte de nos ennemis.

Joseph Bonaparte, nommé roi d'Espagne par son frère, entra dans Madrid, le 20 juillet, au milieu des salves d'artillerie tirées par Drouot. Mais bientôt la nouvelle de la défaite de Baylen, arrivée le 29 juillet, rendit la position des Français impossible. Il fallut replier les tentes et organiser la retraite; en trois jours, Drouot dut anéantir trois mois de travail. Grâce à ses soins et aux réquisitions qu'il fit faire pour les attelages, aucune pièce d'artillerie ne fut perdue. Quant à la partie du matériel que l'on ne put emporter, elle fut brûlée, afin de ne rien laisser à l'ennemi.

Le 1er août, l'armée commença à évacuer la capitale pour se rendre dans les provinces du Nord. Pendant cette marche, la bonté naturelle du major Drouot, qui accompagnait Lariboisière, eut trop souvent l'occasion de se manifester ; car la chaleur était accablante et le manque d'eau se fit cruellement sentir. Comme on ne voulait rien abandonner à l'ennemi, chemin faisant, il fallut détruire encore des voitures et des munitions quand les attelages manquaient.

Enfin on arriva à Burgos, où l'armée resta quelques jours pour se refaire ; puis, le 15 août, on poussa jusqu'à Miranda. Drouot profita de ce moment d'arrêt pour remettre en état son matériel et réorganiser les parcs d'artillerie.

Ce fut dans cette ville que, le 27 août 1808, Drouot fut admis avec son grade dans la garde impériale. Il organisa alors le matériel des nouvelles batteries, et reçut d'importantes missions. Après avoir visité plusieurs places fortes et des manufactures d'armes, le 2 septembre, il était de retour au quartier général.

Le 21, l'artillerie de la garde impériale eut un petit combat à soutenir à Bilbao : Drouot s'y montra brave comme toujours ; il ne perdit qu'un caisson, fit des prisonniers et s'empara d'une quantité notable des munitions.

Le 10 novembre, Burgos fut prise. L'empereur, le général Lariboisière et Drouot y entrèrent le 11. Le 23 novembre, Napoléon, avec la garde impériale, arriva à Aranda, et le 31, eut lieu le fameux combat de Sommo-Sierra (1). L'armée se dirigea sur Madrid, où une résistance désespérée avait été organisée. Le 2 décembre, l'attaque commença par une vive canonnade; le 3, les batteries continuèrent à battre en brèche. On vit plusieurs fois le major Drouot, à pied, dirigeant lui-même le tir au milieu de la mitraille qui volait de tous côtés. La porte d'Alcala ayant enfin cédé, Drouot, à la suite du maréchal Victor, entra dans la ville au milieu des balles et des boulets, et courut au Retiro dont il prit possession. Les Espagnols n'avaient pas encore eu le temps d'achever la destruction des travaux que Drouot connaissait si bien; aussi ce fut pour lui une vive joie que de se retrouver dans cet arsenal. La capitulation de la ville n'eut lieu que le 4 décembre.

Napoléon et le roi Joseph y entrèrent aussitôt. Drouot s'occupa sans relâche de réunir au Retiro tout le matériel, et il recommença avec énergie l'œuvre d'installation dont il s'était précédemment si bien acquitté. Éloigné de toute brigue, ses actes seuls le faisaient valoir; aussi, en récompense de ses bons services, il fut nommé colonel-major de l'artillerie à pied de la garde impériale,

(1) Voir, à la fin du volume, la note XI.

et il prit possession de son grade le 18 décembre 1808.

Napoléon, parti de Madrid le 22 septembre, avait appris qu'un corps anglais, sous la conduite du général Moore, et soutenu par un corps espagnol, s'avançait sur Valladolid, pour menacer la capitale. A la tête de sa garde, il résolut de prendre les ennemis en flanc afin de les séparer. Le temps était affreux, une tourmente de neige gêna beaucoup la marche, surtout celle de l'artillerie ; mais peu importait à la bravoure française, on était sur les traces des Anglais ! L'armée arriva bientôt à la petite rivière d'Esla, grossie par les neiges, et on ne trouva point de pont pour la traverser ; l'ennemi l'avait coupé ; une partie de l'armée dut passer à gué. Mais l'empereur, voyant que ce passage ne s'effectuait que lentement, car le courant était rapide et quelques hommes avaient déjà péri, ordonna la reconstruction du pont aussi vite que possible, et ce fut le colonel Drouot qui fut chargé de surveiller les travaux.

Quelque temps après, celui-ci faisait le récit des difficultés de ce passage à son ami M. Évain, dans une lettre qu'on lira avec intérêt.

« Benavente, 1er janvier 1809.

» Depuis douze jours, nous avons quitté Madrid pour aller attaquer une armée anglaise qui se trouvait sur les frontières du royaume de Léon. Nous avons joint l'arrière-garde ennemie, il y a trois jours. L'armée paraît diriger sa retraite vers

Ferrol ou vers Vigo, et, pour nous arrêter, elle coupe les ponts qui sont sur le passage. L'artillerie a dû passer hier et avant-hier l'Esla à gué ; la profondeur de l'eau m'a donné de vives inquiétudes, car les vagues arrivaient jusqu'aux brancards des caissons; cependant, il paraît qu'il n'y a pas eu de munitions avariées. Notre marche a été extrêmement pénible. Dans les montagnes de Guadarrama, nous avons trouvé les neiges du Gothard, les tourmentes du Mont-Cenis. Dans la plaine, nous avons eu des chemins affreux, qui ont fait regretter les boues de la Pologne. L'artillerie surtout a eu beaucoup à souffrir; mais nos maux seront bientôt oubliés, si nous avons le bonheur de joindre l'ennemi (1). »

Arrivé à Astorga, Napoléon chargea le maréchal Soult de continuer la poursuite. Drouot fut envoyé à Madrid, où il arriva le 10 janvier 1809.

La guerre d'Autriche était alors dans la pensée de l'empereur. Abandonnant son armée d'Espagne, il rentra à Paris et y appela successivement tous les corps de la garde. Le 5 mai, Drouot était à Strasbourg; le 13, à Ulm, et le 31, à Vienne.

(1) J. Nollet, *Biographie du général Drouot.*

# CHAPITRE VI

## Guerre d'Autriche.

Pendant ce temps, les événements s'étaient précipités. Napoléon, toujours prompt dans ses résolutions, avait vivement conduit la campagne d'Autriche qui avait déjà été marquée par la bataille d'Eckmühl, la prise de Ratisbonne, le fameux combat d'Ébersberg, et l'entrée à Vienne, qui avait eu lieu le 13 mai 1809. La fortune de l'empereur était donc à son apogée, grâce à ses foudroyantes opérations; mais il voulait en finir en passant le Danube, pour se jeter sur l'archiduc Charles qui était venu se placer en face de lui avec sa principale armée.

La grande difficulté consistait à passer ce fleuve immense sous le feu de l'ennemi, et de livrer bataille ce fleuve à dos. Napoléon choisit pour son opération la partie du Danube la plus voisine de Vienne, aimant mieux rencontrer ce fleuve large que rapide et profond, et surtout le rencontrer partagé en plusieurs bras et semé d'îles, car il trouvait ainsi la difficulté amoindrie. C'est pourquoi il choisit l'île de Lobau à jamais célèbre par les événements prodigieux dont elle devint le théâtre. La sanglante bataille d'Essling, qui devait coûter la vie au brave maréchal Lannes, venait d'avoir lieu, quand Drouot, avec l'artillerie de la garde, arriva à Vienne, le 31 mai (1). Ce fut avec joie que l'empereur revit ces braves, sur le dévouement desquels il savait pouvoir compter. Ayant fixé sa demeure à Schœnbrunn, les colonels Drouot et Aboville y restèrent également, afin de s'occuper activement de remettre en état batteries et personnel, car la lutte se préparait grave et acharnée.

Pendant le mois de juin, il y eut chaque jour une revue à Schœnbrunn, et quelques batteries défilaient la parade tous les matins devant l'œil du maître. Ce fut alors que l'empereur remarqua Drouot, ce chef de corps qui se tenait constamment à l'écart et qui travaillait mieux et plus que tout autre. Un jour, examinant en détail le personnel de l'artillerie à pied de la garde, Napoléon questionna le colonel; ses questions très précises recevaient des réponses brèves et nettes. Ce souverain, qui avait étudié profondément tout ce qui se rapporte à l'artillerie, prenait plaisir à trouver un homme instruit qui répondait à tout avec clarté et intelligence.

Voulant s'assurer de la profondeur de ce rare

(1) Thiers, *Le Consulat et l'Empire,* tome X, livre XXXV.

savoir, il l'interrogea sur la tactique, et, ravi des réponses qu'il continuait à recevoir, il se laissa entraîner par le sujet et en vint à la stratégie. Drouot répondait toujours, jetant sur les questions une vive lumière. Surpris et ébloui, Napoléon jeta un de ses profonds regards sur le colonel, lui serra fortement la main, en le congédiant sans lui adresser une parole. Mais l'homme était jugé; l'empereur avait mesuré sans taille (1).

L'artillerie à cheval de la garde impériale commandée par le colonel d'Aboville, et celle à pied commandée par Drouot, étant enfin complètement organisées et équipées, on se réunit le 3 juillet dans l'île de Lobau, où se trouvait toute la grande armée. On bivouaqua le 4, et à la chute de ce jour, l'armée commença le fabuleux passage du Danube.

Le corps d'Oudinot et de Masséna, étant heureusement arrivés sur l'autre rive, s'étaient emparés des avant-postes autrichiens; ceux-ci surpris de l'arrivée inattendue de l'armée française, n'avaient pas eu le temps d'y opposer leurs masses.

Tout à coup cent neuf bouches à feu du plus gros calibre qui se trouvaient dans l'île, firent entendre leurs voix et se mirent à canonner partout où l'on apercevait des feux, au point de faire perdre l'esprit à l'ennemi le plus calme et le plus résolu. Bientôt le ciel lui-même joignit son tonnerre à celui de Napoléon, et l'orage, qui chargeait l'atmosphère, fondit en torrents de pluie et de

(1) Général Ambert, *Vie du général Drouot.*

grêle sur la tête des deux armées. La foudre sillonnait les airs, et quand elle avait cessé d'y briller, des milliers de bombes et d'obus, les sillonnant à leur tour, se précipitaient sur la malheureuse ville d'Enzersdorf. Jamais la guerre dans ses plus grandes fureurs n'avait présenté un spectacle aussi épouvantable. Napoléon, courant à cheval d'un bout à l'autre de la rive où s'exécutait cette prodigieuse entreprise, dirigeait tout avec le calme, avec la sûreté qui accompagnent des projets longuement médités. Les officiers, aussi préparés que lui, ne ressentaient, au milieu de cette nuit, ni trouble, ni embarras. Tout marchait avec une régularité parfaite, malgré la grêle, la pluie, les balles, les boulets, le roulement du tonnerre et la canonnade. Vienne, éveillée par ces sinistres bruits, apprenait enfin que son sort se décidait, et que la pensée de Napoléon, si longtemps menaçante, était près de s'accomplir.

Quand le jour vint éclairer les bords du fleuve, vers quatre heures du matin, un spectacle des plus imposants se présenta aux yeux surpris des deux armées. L'orage était dissipé; le soleil, se levant radieux, faisait reluire des milliers de baïonnettes et de casques. Soixante-dix mille hommes étaient déjà en bataille sur la rive ennemie, et le passage continuait sur le pont de pontons et sur le pont de radeaux; la garde impériale se disposait à défiler à son tour; l'artillerie autrichienne avait été éteinte, grâce aux batteries bien pointées et bien dirigées qui partaient de l'intérieur de l'île Lobau. Drouot ne s'était pas ménagé ; il avait fait tirer sans relâche, et le feu de ses canons n'avait pas cessé une seconde; il organisa son corps, pour que le passage se fît avec ordre et sans encombrement; toutes ses batteries défilèrent devant lui, et il passa le dernier. Tel était l'aspect du champ de bataille de Wagram, au commencement de la journée du 5 juillet 1809 (1).

Il fallut se battre pour prendre ses positions. Notre artillerie tirait en marchant ; l'armée, qui s'était déployée, formait une longue ligne d'environ trois lieues ; on tirailla et on canonna toute la journée. Le soir, tous les corps bivouaquèrent dans les positions prises à la fin du jour; on n'alluma point de feu, afin de ne pas servir de point de mire aux ennemis; chacun s'enveloppa dans son manteau pour passer la nuit.

Le 6, journée à jamais mémorable, le feu commença dès quatre heures du matin, et bientôt le bruit de la fusillade et de la canonnade était devenu général sur ce front immense de trois lieues, le long duquel trois cent mille hommes et onze cents pièces de canon étaient en présence.

Le maréchal Bernadotte, resté en flèche sur le champ de bataille après son attaque de la veille contre le plateau de Wagram, se trouvait menacé par les Autrichiens et venait de se replier sur le maréchal Masséna, meurtri encore de la chute de cheval qu'il avait faite quelques jours auparavant,

(1) Thiers, *Le Consulat et l'Empire*, tome X, livre XXXV.

et qui assistait à la bataille, comme il l'avait promis à Napoléon. Tout enveloppé de compresses, il commandait dans une calèche ouverte. Les deux maréchaux avaient ramené leurs troupes contre le petit village d'Aderklaa; mais l'archiduc l'occupait. Les Français furent repoussés et ramenés par l'ennemi au delà d'Essling, retombé aux mains des Autrichiens (1).

Napoléon vit le danger, et, monté sur un cheval persan d'une éclatante blancheur, il parcourt le champ de bataille, s'écriant :

« Où est Drouot? Allons, les pièces de la garde! Il faut à tout prix soutenir la colonne. Drouot, dix mille boulets; écrasez les masses de l'ennemi! »

Drouot arrive au galop avec ses canons, faisant trembler la terre sous ses soixante bouches à feu françaises et bavaroises.

A mesure que chaque batterie arrive sur l'alignement, elle se déploie et commence à tirer. Bientôt les cent pièces sont réunies, et l'illustre Drouot, sur une indication de l'empereur, se pose en jalon, et les cent pièces de canon qu'il dirige viennent s'aligner sous son épée. Cette immense batterie occupe une demi-lieue. Il recommande, comme toujours, vivement son âme à Dieu, et fait partir avec une intrépidité inimaginable ses batteries. En un instant commence la plus affreuse canonnade qui ait signalé nos longues guerres; toutes les pièces marchent à la fois. Drouot

(1) Guizot, *Histoire de France*, tome VII.

est sur tous les points, il se multiplie, court d'une batterie à l'autre, et couvre l'armée de l'archiduc Charles d'une grêle de boulets.

Napoléon s'aperçoit que l'artillerie ne suffit pas pour briser le centre de l'armée autrichienne ; il faut des baïonnettes, et il demande avec impatience celles de l'armée d'Italie. La bataille se trouve un moment réduite à une lutte entre les deux artilleries (1). Drouot, à pied comme dans tous les moments décisifs d'un combat, encourage ses canonniers et rectifie le tir sous une pluie de boulets. Un grand nombre de ses hommes tombent autour de lui; mais, sans s'inquiéter du danger qu'il court, il continue à donner ses ordres aux officiers. Bientôt il est blessé d'un biscaïen au pied droit; ses soldats l'entourent, et il tombe dans les bras d'un artilleur. Le chirurgien panse la blessure, et le vaillant Drouot, ne pouvant se chausser de sa botte, continue sa marche et son commandement, le pied dans un bandage.

Les Autrichiens, furieux des dégâts que leur cause la grande batterie, veulent l'anéantir à tout prix; leur artillerie n'ayant pu obtenir ce résultat, ils ont recours aux charges de cavalerie, et bientôt le sol retentit sous le galop de la grosse cavalerie du prince Jean de Lichtenstein : l'artillerie de la garde eut à soutenir ce terrible choc. Lorsque les escadrons se précipitaient avec furie sur les canons, Drouot rompait son silence habituel pour crier : « Allons, enfants, ripostez vivement. »

(1) Général Pelet, *Mémoires sur la guerre de 1809.*

Grâce à Drouot, les canonniers restèrent vaillamment à leur poste, ils se sentaient électrisés par le dévouement et la valeur de leur chef. Grand nombre d'entre eux furent hachés sur leurs pièces, mais les autres restaient inébranlables; la confiance et l'affection des soldats pour Drouot leur rendaient l'obéissance facile, alors même qu'elle exigeait un dévouement héroïque.

Cependant l'intrépide Macdonald, étonnant tout le monde avec son ancien costume de général de la république, avance à la tête de sa fameuse colonne serrée. Le centre de l'archiduc Charles est ébranlé, et il est obligé de donner le signal de la retraite; le corps de l'archiduc Jean arriva lorsque les Français étaient maîtres de la position.

Le lendemain, Drouot reçut, sur ce glorieux champ de bataille, la croix d'officier de la légion d'honneur, et l'empereur fit aux colonels d'Aboville et Drouot le compliment le plus flatteur que puissent recevoir des chefs de corps, en disant que c'était à l'artillerie de la garde qu'il devait en partie cette éclatante victoire (1).

Aussitôt on se mit à la poursuite de l'armée ennemie, qui s'était retirée du côté de Znaym, et le 12 juillet, un armistice fut signé.

Quatre-vingt-deux mille coups de canon avaient été tirés dans la journée de Wagram; l'artillerie de la garde en avait tiré à elle seule vingt mille!

(1) Voir, à la fin du volume, la note XII.

# CHAPITRE VII

### Deux ans de garnison à Vincennes.

Napoléon reprit son séjour de Schœnbrunn; mais, n'étant pas encore convaincu de la paix, il s'occupa activement de réparer les pertes faites à Wagram. Drouot se mit donc de nouveau à son travail d'organisation, et certes il eut fort à faire; car, dans cette glorieuse journée, l'artillerie de la garde avait été terriblement éprouvée. Un grand nombre de ses braves manquaient à l'appel; une des batteries de gauche resta le soir avec un officiers et dix hommes presque tous blessés, sur quatre-vingts hommes qu'elle comptait le matin; elle eut cinq pièces démontées sur dix. Il s'agissait donc de réparer les pertes des batteries, en hommes, en chevaux et en matériel.

Ces trois mois de séjour à Vienne furent, on le comprend, aussi pénibles qu'une campagne. Bientôt l'artillerie de la garde reprit son bel aspect, et dans les revues de Schœnbrunn, elle fut souvent remarquée par son irréprochable tenue. Longtemps après, les Viennois se rappelaient encore ces grandes revues où figuraient les plus belles troupes de l'Europe. Une foule immense de curieux, sortie de la capitale assistait à cet imposant spectacle, pressée de voir son vainqueur qu'elle admirait tout en le détestant.

Napoléon, tranquille et souriant, contemplait le défilé de ses troupes, et plusieurs fois il complimenta devant tous le modeste Drouot pour la manière sûre et aisée avec laquelle il faisait manœuvrer ses pièces dans ces parades.

Le 9 septembre, cet infatigable soldat fut reçu colonel de la garde.

Enfin la paix de Vienne, si ardemment désirée, fut signée le 14 octobre. L'empereur avait déjà quitté l'Autriche, et Drouot reçut l'ordre de faire partir la garde le 16. Nous retrouvons le colonel, le 1er janvier 1810, aux Tuileries, faisant sa visite à Napoléon avec le corps d'état-major.

Le 15 mars 1810, Drouot est nommé baron de l'empire.

Peu de temps après, 2 avril 1810, il assistait, au château des Tuileries, au renouvellement du mariage religieux de l'empereur Napoléon avec l'archiduchesse Marie-Louise d'Autriche.

Cette année 1810 fut marquée pour Drouot par des scènes douloureuses.

En garnison à Vincennes, un jour qu'il assistait aux exercices, selon son habitude, un jeune homme du pays vint lui dire : « Un de vos messieurs est là-bas accroché à un arbre. » Il y court aussitôt : mais le malheureux artilleur s'était pendu ; ses secours arrivaient trop tard. Dans la soirée, le colonel réunit les sous-officiers et caporaux, et, avec la plus grande tristesse, il leur adressa une allocution sur le déshonneur qui devait rejaillir sur l'artillerie, par suite de la mort infâme que leur camarade s'était donnée ; il parla avec tant de dignité et de sensibilité, que plusieurs vieux soldats pleuraient en sortant de cette réunion. Le bon colonel, homme de foi, chrétien pratiquant, ne négligeait aucun moyen de combattre chez ses hommes cette coupable disposition d'esprit au suicide.

Quelques jours plus tard, encore pendant les manœuvres, on vint lui annoncer qu'un de ses canonniers venait de se pendre.

On ne peut exprimer la douleur que le pauvre Drouot ressentit à l'annonce de ce nouveau malheur. Il courut aussitôt, à l'endroit indiqué, avec le chirurgien-major ; ils trouvèrent le malheureux suspendu à un arbre. Le corps avait encore de la chaleur, et la pointe des pieds avait labouré la terre. La suicidé était un caporal, chef d'ordinaire, qui avait disparu avec le prêt. Le colonel voulut se rendre compte de toutes les circonstances de cette mort, et il acquit la certitude que le caporal, ayant vu l'extrême douleur qu'avait ressentie le colonel lors du premier suicide, et connaissant la sévérité de ses principes en même temps que sa commisération pour les malheureux, avait cherché à simuler un suicide, persuadé que son colonel lui ferait grâce après cet acte de désespoir, dont il devait, hélas! être la victime.

Les sentiments religieux de Drouot soutenaient une cruelle épreuve. Sans se préoccuper des conséquences d'une mesure peu légale pour éviter le retour d'un tel acte, il se résolut à faire un exemple, afin de frapper l'imagination de ses hommes.

Il défendit donc qu'aucun honneur militaire fût rendu au corps du malheureux, et il le fit enterrer dans un fossé du polygone.

Mais la police fut prévenue, et l'empereur averti. Il manda aussitôt, au château de Saint-Cloud, le général Lariboisière, commandant général de l'artillerie de la garde impériale, puis Drouot, à qui il fit quelques reproches. Le colonel comprit ses torts, mais il dit avec âme à l'empereur : « Eh bien, Sire, croyez-vous que le commissaire de police guérira votre armée, si cette horrible maladie vient à l'atteindre? Les lois sont moins puissantes que la religion et la discipline. »

Pour toute punition, le ministre de la guerre publia un ordre du jour qui rappelait le fait sans désigner l'arme ni le nom du régiment.

Le colonel conçut un grand chagrin de cette réprimande, et surtout de la cause qui l'avait amenée; trente ans après, il se la rappelait encore avec émotion (1).

Il ne quittait Vincennes que pour rendre visite

(1) J. Nollet, *Vie du général Drouot.*

à son ami le bon M. Evain, qui habitait alors Paris. Bientôt il fut désigné pour accompagner de nouveau le général Eblé dans des missions importantes; il présida aussi deux fois à Metz les examens des élèves, pour l'admission à l'école d'artillerie. A cette époque, il fit un petit voyage à Nancy, et resta quelques jours auprès de sa bonne et vénérable mère, se montrant envers elle ce qu'il fut toujours, fils tendre et respectueux.

Tous ces travaux ne l'empêchaient pas de s'occuper activement de l'organisation et de l'instruction de son corps. Voici sa vie : tous les jours il se levait à quatre heures, déjeunait à six d'un morceau de pain de munition, puis entrait dans son cabinet, où il restait des heures entières, et s'occupait ensuite des manœuvres qu'il faisait faire à son régiment. Il entourait ses canonniers de tout ce qui pouvait servir à leur instruction; il avait organisé pour eux une école de lecture et de dessin, des exercices de tyr au polygone, des manœuvres à pied, etc.

Il se préoccupait sans cesse des moyens d'améliorer leur sort sans négliger les moindres détails.

Un membre de l'Institut, venant un jour lui rendre visite, le trouva décousant la semelle d'une chaussure de soldat, afin de se rendre compte si elle était bien conditionnée et si on ne pourrait pas faire mieux encore.

Qu'est-il besoin, après cela, de dire qu'il aimait ses soldats comme ses enfants! Pour les stimuler et en même temps récompenser leur courage et leur bonne volonté, voici ce qu'il avait imaginé. Les régiments possédaient, à cette époque, des réserves appelées *masses noires*, sortes de caisses qui dépendaient du colonel, lequel pouvait en employer les fonds à son gré. Généralement les chefs faisaient servir cet argent pour leur musique, ou autres fantaisies de luxe. Le colonel Drouot, lui, demandait aux capitaines de désigner les meilleurs sujets de leur compagnie, c'est-à-dire les hommes braves, probes et zélés pour le service ; lorsque les noms lui étaient connus, il faisait parvenir aux parents, comme marque de satisfaction de la conduite du fils, une somme d'argent, dont le mandat était adressé au maire de la commune, avec recommandation de le remettre au père et à la mère avec une certaine solennité.

Tout le monde comprendra le bonheur qu'éprouvaient les bons paysans en recevant ainsi un témoignage public et assuré de la bonne conduite de leur fils, et le grand bonheur aussi du brave artilleur, apprenant, par une lettre du pays, que l'accomplissement de son devoir apportait le bien-être dans la chaumière paternelle. Est-il besoin d'ajouter que, pour toutes ces raisons, Drouot était aimé, chéri de ses soldats, dont il était le père tendre et dévoué !

---

# CHAPITRE VIII

## Campagne de Russie.

Une guerre terrible allait commencer; nous voulons parler de la désastreuse campagne de Russie. Les ordres avaient été donnés pour que tous nos vaillants soldats fussent dirigés vers cet inhospitalier pays. La garde, bien équipée, pleine d'enthousiasme et de dévouement, reçut des dernières son ordre de marche. Drouot était alors non seulement colonel de l'artillerie de la garde, mais encore il reçut le commandement immédiat des deux batteries de réserve.

Voulant que ce voyage fût utile à ses officiers, il proposa à ceux qui étaient directement sous ses ordres de profiter de leurs soirées, pour visiter ensemble les monuments remarquables des villes désignées pour leurs étapes; ceux-ci, qui vénéraient leur excellent colonel, lui surent un gré infini de cette attention délicate, et, tout en s'instruisant, jouirent en détail des beautés de chaque station.

Le commencement de ce voyage adoucit l'amertume des pensées qui germaient dans le cœur de tous ; car personne n'était partisan de cette guerre lointaine, qui devait, hélas ! dépasser en tristesses et en revers toutes les prévisions humaines.

Le maître avait parlé, la discipline ordonnait de le suivre, et tous obéissaient.

On arriva ainsi en Saxe, dans la ville de Freyberg, où demeurait un savant modeste et vertueux, le célèbre Werner. Drouot le connaissait de réputation ; aussi, tenant à rendre hommage à ses talents et à ses vertus privées, il proposa à ses officiers d'aller lui rendre visite.

Aussitôt arrivés, en costume de voyage, tout couverts encore de la poussière de la route, ces Français modèles allèrent, en corps, faire une visite au savant si estimé. Nous en retrouvons la relation suivante, écrite par M. Aubert, alors capitaine sous les ordres du bon Drouot :

« M. Werner, d'abord étonné de notre démarche, nous accueillit avec la plus grande cordialité, lorsque le colonel lui eut fait connaître qu'elle avait été inspirée par le désir de rendre hommage à l'homme éminent, dont les œuvres étaient connues et appréciées de toute l'Europe savante.

» Il s'empressa de nous conduire dans son cabinet de minéralogie, et, d'après le désir du colonel, il promit de lui envoyer dans la soirée un de ses élèves, pour nous montrer les choses intéressantes de la ville.

» Ce jeune homme nous conduisit d'abord à la cathédrale ; nous y étions depuis quelques instants, à examiner les tableaux et divers monuments, lorsque je vis M. Werner remontant la nef ; j'accourus à lui, et, avec une bonhomie toute patriarcale, il me dit : « Capitaine, la journée a commencé d'une manière si heureuse par votre visite, que je veux la prolonger le plus que je pourrai. » Puis il me demanda le nom de tous mes camarades. Comme il parlait très bien français, il fut à son tour notre cicerone, et, au moment de nous séparer, il offrit au colonel de le conduire le lendemain à une usine royale, où l'on exécute tous les travaux pour l'extraction de l'argent des mines de Freyberg.

» Selon ma promesse, j'allai dans la soirée à son hôtel lui porter la liste de mes camarades. J'avais mis en note que la visite du matin ne devait pas l'étonner, puisque nous étions tous élèves de l'école polytechnique ou élèves des écoles d'artillerie. Il me serra les mains avec attendrissement ; je vis une larme s'échapper de ses yeux, et, tout en faisant l'éloge de l'artillerie française, il ne tarissait pas sur celui de notre digne colonel, qu'il avait déjà su apprécier.

» Le lendemain, il vint en calèche chercher le colonel Drouot, que j'accompagnai. Mes autres camarades nous suivirent à cheval. Arrivés à l'usine, nous fûmes reçus par les chefs ; tous les ouvriers étaient en costume de mineurs, et M. Werner nous expliqua dans le plus grand détail toutes les opérations suivies dans ce bel établissement.

» Le matin de notre départ de Freyberg, M. Werner nous envoya encore son élève pour nous renouveler ses remerciements de notre bonne visite et nous souhaiter un bon voyage. Nous allions commencer la campagne de Russie (1). »

Tout le monde connaît le passage du Niémen par la grande armée ; toujours victorieuse, elle s'avançait dans l'intérieur de cet immense pays, à la température glaciale, qui devait être bientôt le tombeau du plus grand nombre de nos braves soldats. Nous nous étions emparés de Wilna, établis en vainqueurs à Wotebesk, et cependant le duc de Trévise écrivait :

« Du Niémen à la Wilia, je n'ai vu que des maisons dévastées, que caissons et chariots abandonnés ; on les trouve dispersés sur les chemins et dans les champs ; ils sont renversés, ouverts, leurs effets répandus çà et là et pillés comme s'ils avaient été pris par l'ennemi. J'ai cru suivre une déroute ; dix mille chevaux ont été tués par les froides pluies d'orage et par les seigles verts, leur nouvelle et seule nourriture. Ils gisent sur la route qu'ils embarrassent ; leurs cadavres exhalent une odeur méphitique ; c'est un nouveau fléau (2). »

(1) J. Nollet.

(2) Guizot, *Histoire de France*, tome VIII.

Déjà l'armée française était décimée par les maladies, par la désertion d'un grand nombre, et par la mort des jeunes recrues, qui étaient incapables de supporter la fatigue et la mauvaise nourriture; car le soldat était alors son propre boulanger, et ces braves gens ne mangeaient guère que du pain de seigle mal cuit.

La garde avait vaillamment donné dans toutes les affaires. Drouot rendait le courage à tous, et son cœur, tout navré qu'il était d'un semblable spectacle, savait trouver des paroles d'espérance et de consolation.

On continua la marche en avant, et bientôt nous entrions, toujours victorieux, à Smolensk; la ville était à moitié détruite, et des maisons brûlaient encore. Les Russes avaient fui de nouveau, et la bataille que l'on cherchait, que l'on désirait, avait fui avec eux; il fallait continuer cette marche si funeste, si pénible; car après deux mois de campagne, sans avoir subi un seul échec qui fût venu diminuer le prestige de nos armes, ayant constamment battu les Russes dans les engagements qui avaient eu lieu, après nous être emparés de toutes les places qui s'élevaient sur notre passage, nous nous trouvions avec une armée diminuée de moitié et au cœur même de la Russie !

Toutes les combinaisons de Napoléon étaient venues s'échouer devant la retraite persistante des généraux russes; le cercle de ses opérations avait été ainsi toujours en se développant. Le vide se faisait autour de nous, car dans son barbare patriotisme l'ennemi mettait le feu à chaque village, aux villes même qu'il fallait traverser, transformant de cette manière toutes les routes que nous allions parcourir en un vaste désert.

Que de courages avaient déjà faibli ! Drouot, attristé, conservait cependant son énergie et son inébranlable constance, se dévouant, se prodiguant à tous. Impuissant pour combattre tant de maux, il s'appliquait au moins à arracher ses hommes au plus meurtrier de tous, le découragement, en s'efforçant de communiquer à leurs âmes le courage dont il était animé; mais que de tristesses amères, de douleurs secrètes pour son cœur en voyant les souffrances intolérables des soldats qu'il aimait comme ses enfants, qu'il avait formés avec tant de peine, et dont, en toute occasion, il avait su plaider les intérêts avec une chaleur qui lui valut le surnom de *tribun du soldat*.

Enfin, grâce à l'énergique dévouement de son chef, la garde avait conservé son esprit dévoué et ferme ; c'était toujours, sous tous les rapports, le corps modèle. Dans toutes les actions, l'artillerie avait donné sans s'épargner et avait fait des prodiges.

Il nous fallut rester à Smolensk pour donner à notre armée le temps de se refaire un peu. Après quelques jours de repos, la marche en avant fut reprise.

Enfin, le 4 septembre, les Français, toujours

poursuivant les Russes, quittèrent Gridnewa, et, par un soleil radieux, lequel commençait à être rare, arrivèrent à Borodino. C'était une vaste plaine bordée par des coteaux et par la petite rivière de Kolocza qui, coulant tranquillement, allait, après mille détours, se perdre dans la Moskowa. C'est dans cette plaine que le sort du monde allait se décider. On aperçut bientôt les Russes, leur généralissime Kutusof avait profité des avantages du terrain et s'était retranché derrière la Kolocza ; il avait fait élever une série de redoutes en terre, garnies d'une formidable artillerie, pour défendre les petites hauteurs au pied desquelles s'étendaient les bataillons russes. Cette bataille tant désirée, que nous cherchions depuis si longtemps, allait donc enfin avoir lieu. Napoléon examina longuement le terrain et de loin les travaux des Russes. Une redoute détachée, celle de Schwardino, placée sur un mamelon, lui parut un obstacle pour nous établir commodément : il ordonna de s'en emparer. Ce fut la cavalerie de Murat et la belle infanterie de Compans qui furent chargées d'enlever cette position. Après un combat meurtrier — sept à huit mille Russes y furent tués ou blessés, — Schwardino tomba en notre pouvoir. Puis le colonel Drouot fut désigné par l'empereur pour aller, avec deux capitaines, faire la reconnaissance du terrain que l'on devait occuper. Toujours prêt et actif, il ordonna bientôt la construction d'un épaulement derrière lequel l'artillerie de réserve devait se mettre en batterie.

Napoléon comptait sur cette arme d'élite pour éteindre le feu de la grande route des Russes, située juste en face; on travailla toute la nuit. Drouot ne se coucha pas une seconde, et cependant la journée du lendemain promettait d'être rude; mais la volonté était si forte chez lui, qu'il parvenait ainsi à tromper sa fatigue et à doubler ses forces. Que de fois, pendant cette campagne, l'empereur le surprit travaillant le soir. Aussi, bien souvent, le grand conquérant allait causer sur les forces de l'artillerie, sur les munitions consommées, sur les pièces démontées ou prises par l'ennemi.

Enfin la grande journée du 7 arriva, et les Français eurent la satisfaction d'apercevoir les Russes toujours en position et évidemment déterminés à combattre.

Dès trois heures du matin, on commença de notre côté à prendre les armes; c'était avec ardeur que nos vaillants soldats se préparaient à la lutte. Napoléon, levé dès l'aube, harangua ses troupes d'une voix forte :

« Soldats, dit-il, voilà la bataille que vous avez tant désirée. Désormais la victoire dépend de vous; elle est nécessaire; elle nous donnera l'abondance, de bons quartiers d'hiver et un prompt retour dans la patrie. Conduisez-vous comme à Austerlitz, à Friedland, à Vitebesk et à Smolensk, et que la postérité la plus reculée cite votre conduite dans cette journée. Qu'on dise de vous : Il était à cette grande bataille sous les murs de Moscou! »

Pour cette journée décisive, les troupes avaient reçu l'ordre de se mettre en grande tenue. Les voyant toutes assemblées, l'empereur étendit la main vers le ciel. « Voilà le soleil d'Austerlitz ! » s'écria-t-il; mais, hélas! il était bien voilé.

A cinq heures et demie, le premier coup de canon fut tiré. A ce funeste signal, un bruit effroyable succéda au silence le plus profond, et une longue traînée de feu et de fumée marqua en traits sinistres la ligne des deux armées.

C'était Drouot qui avait donné le signal de l'attaque en tirant le premier coup de canon. Bientôt il fit prendre place à ses batteries dans l'ouvrage en terre qu'il avait fait construire la nuit. Son feu, bien nourri, bien dirigé, finit par éteindre celui de l'ennemi, et à dix heures du matin, au pas de course, il conduisait la réserve sur les hauteurs précédemment occupées par les Russes.

Ceux-ci, furieux, ne veulent pas abandonner la place. L'artillerie ne cesse de lancer sur l'ennemi une grêle de boulets, quand tout à coup Drouot aperçoit les cuirassiers russes qui, se formant en colonne, s'apprêtent à fondre en masse sur ces canons qui faisaient tant de ravages dans leurs rangs.

« Attention, Messieurs, s'écrie l'intrépide colonel, nous allons être chargés par cette cavalerie. L'artillerie de la garde ne doit pas reculer d'une semelle. »

Aussitôt il fait charger les fusils de tous les

canonniers, qui les placent derrière eux; tous les leviers des pièces sont décrochés et mis à portée; enfin quatre boîtes à mitraille sont placées sous la bouche des canons et des obusiers. Le colonel préside lui-même à tous ces arrangements. On voit bientôt les colonnes s'ébranler et se diriger sur les batteries, on les laisse approcher, et une bordée affreuse commence à éclaircir leurs rangs. Un certain désordre se produit, mais c'est l'affaire d'une seconde; ils reviennent à la charge avec opiniâtreté; c'est presque un combat corps à corps. Nos boulets ne cessent de les atteindre; et pendant un quart d'heure nos héroïques artilleurs luttent avec un imperturbable sang-froid contre les charges furieuses de la cavalerie russe.

Il fallait en finir par un coup de maître. Il était trois heures de l'après-midi; il y avait donc déjà neuf heures que l'horrible carnage était commencé. L'artillerie reçoit l'ordre de se ranger le long du fameux ravin de Séménoffskoié. Drouot appelle à lui les canons de tous les corps, et bientôt quatre cents pièces sont réunies; on tire sur les Russes que l'on voyait tomber par centaines, mais les rangs se reformaient aussitôt. Pendant plusieurs heures nos boulets allèrent porter le ravage dans ces masses, qui persistaient à se tenir en ligne sous cette épouvantable canonnade, quand le valeureux Ney parvint enfin à tourner ce corps héroïque qui était sous le commandement du prince Bagration, que nos boulets devaient tuer dans cette journée.

Le soleil finit par s'abaisser sur cette scène atroce sans égale dans les annales humaines. Quatre-vingt-dix mille homme environ, c'est-à-dire la population entière d'une grande cité, étaient étendus sur la terre, morts ou blessés. On comptait quinze à vingt mille chevaux tués, et quatre cents voitures d'artillerie démontées. Nos pertes étaient de neuf à dix mille morts, vingt ou vingt et un mille blessés; les Russes, d'après leur propre aveu, avaient près de soixante mille hommes hors de combat.

L'artillerie avait tiré plus de cinquante mille coups de canon. Les braves canonniers étaient harassés. Depuis le commencement de l'action ils avaient été engagés sans prendre le moindre repos, et étaient donc presque à jeun. Le vaillant colonel, qui, pendant toute la durée de cette bataille, avait soutenu leur courage, leur permit alors d'aller se reposer dans le fossé de la grande redoute, après avoir eu la précaution de recharger toutes les pièces. Quant à lui, il resta au milieu des batteries avec deux officiers et quelques hommes pour faire feu si les ennemis revenaient à la charge.

Le bon Drouot fut admirable pendant cette grande journée; son sang-froid, sa présence d'esprit et sa valeur furent extraordinaires. Ses deux batteries avaient beaucoup souffert; le tiers des canonniers avaient été tués ou mis hors de combat, et le soir, de seize bouches à feu et de trois lignes de caissons, il ne restait plus que cinq pièces de service et cinq caissons à moitié chargés de munitions.

En récompense des grands services qu'il avait rendus, l'empereur nomma Drouot commandant de la Légion d'honneur.

Les Russes étaient en pleine retraite ; la route de Moscou était libre désormais. Moscou ! cette terre promise où l'armée comptait trouver le terme de ses maux. Ce fut donc encore avec courage et joie que nos compatriotes se mirent à la poursuite des ennemis.

Le 9 septembre, nous entrions à Mojaïsk, et la poursuite fut reprise. Chaque jour était marqué par quelques combats d'avant-garde; mais, nos flancs étant bien gardés par la cavalerie, nous avançions encore assez vite.

Par un beau temps, du sommet d'un coteau, l'armée découvrit tout à coup, au-dessous d'elle, la ville immense, la plus puissante des métropoles de l'Orient, Moscou! brillante de mille couleurs, surmontée de dômes dorés; au milieu, parfaitement distincte, la fameuse citadelle, le Kremlin, ancien séjour des czars. Quelle joie, quel éblouissant spectacle, et aussi quel enthousiasme! Peines, fatigues, découragement, sombres pressentiments, tout est oublié; le bonheur, le sentiment de la gloire exaltent tous les cœurs!

Le 15 septembre, Napoléon fit son entrée dans Moscou. Mais, hélas! partout la solitude la plus profonde; il semblait qu'on pénétrât dans une ville morte dont la population aurait subitement disparu ; et, pour la première fois, nos héroïques soldats, en entrant dans une capitale, n'eurent qu'eux-mêmes pour témoins de leur gloire.

Chaque régiment reçut l'ordre de son cantonnement, et la garde fut naturellement placée au Kremlin et dans les environs.

Dès ce même jour, 15, de fortes colonnes de flammes s'élevèrent de divers côtés. On attribua ces incendies au hasard, et l'on songeait au moyen de les éteindre. On courut aux pompes ; mais, hélas ! il fut impossible d'en trouver une seule. Aussi, malgré toute la bonne volonté et l'ardeur des soldats, force fut de faire la part du fléau, on était réduit à laisser ainsi consumer de grandes richesses. Les éléments se déclarèrent bientôt contre nous, car, dans la nuit du 15 au 16, le vent d'équinoxe s'éleva avec violence, activant ainsi l'affreux brasier ; poussé par l'ouragan, le feu se communiqua avec promptitude, et tous les quartiers situés à l'ouest furent envahis par les flammes.

Nos soldats arrêtèrent bientôt des misérables qui furent surpris portant des matières inflammables ; on les interrogea, et, en les menaçant de mort, ils finirent par révéler les ordres de destruction donnés par le comte de Rostopchin.

Moscou n'était plus qu'un immense brasier ; des flammèches tombèrent dans la cour du Kremlin où se trouvaient tous les caissons de l'artillerie et une grande quantité de poudre ; une explosion épouvantable pouvait se produire d'un moment à l'autre.

Craignant pour l'empereur, l'artillerie le pressa, le conjura de s'éloigner de ce cratère enflammé.

Qui saura jamais tous les traits de bravoure et d'héroïsme accomplis dans cet affreux moment par le courageux et vaillant Drouot? Il se trouvait partout à la fois, commandant les manœuvres de sauvetage avec autant de calme et de sang-froid que s'il eût été au polygone.

Toutes nos troupes avaient évacué la ville; seule l'artillerie de la garde resta pour disputer aux flammes l'ancienne demeure des czars. Grâce à leurs efforts et à leur dévouement, le Kremlin échappa cette fois à la destruction; avec lui, à peine un cinquième de la belle cité fut sauvé.

Le 19, Napoléon rentra dans les débris de la superbe Moscou. Sous les décombres on trouva des vivres, mais il fallait du fourrage pour les chevaux; cavalerie et artillerie furent donc obligées d'aller camper dans les environs de la capitale.

Drouot trouva désert le petit village où il organisa le campement; il fallait l'approvisionner de tout. Enfin, avec beaucoup de peines, et après avoir travaillé longtemps, il parvint à établir un moulin. Grâce à la réussite de cette entreprise, due uniquement au savoir et au génie du colonel, l'artillerie de la garde put avoir chaque jour sa ration de pain; il était rare de voir dans les autres corps une telle abondance. Toujours humain et juste, il exigeait que ses hommes payassent scrupuleusement les menus objets que les paysans leur fournissaient; aussi ceux-ci, tout étonnés, finirent par se rapprocher de ces Français qu'on leur avait dépeints si méchants; tandis que nos soldats, bons comme toujours, partageaient volontiers leurs provisions et leurs abris avec l'ennemi, qui, depuis le désastre de Moscou, avait tout perdu.

Napoléon même avait étendu sa sollicitude sur les malheureux sans défense et sans habitation, qui erraient dans les rues de la ville incendiée, cherchant timidement sous des murs en ruines le reste de leur avoir. L'armée reçut l'ordre de construire des cabanes pour les abriter.

Par ses soins et son activité, le colonel Drouot était parvenu à faire de grands approvisionnements, et l'artillerie devait ainsi se trouver à l'abri de la disette; mais bientôt l'ordre de partir fut donné, et l'on dut forcément abandonner les provisions.

Le 19 octobre 1812, les Français sortirent de Moscou, terme extrême de nos fabuleuses conquêtes, premier terme de nos immenses infortunes! Ce fut alors que le noble caractère de Drouot brilla dans tout son éclat. La science ni le courage militaire n'allaient plus suffire; il allait falloir aux victorieux fugitifs de Moscou la force morale, le courage de souffrir et d'espérer toujours. Drouot possédait ce trésor et allait le communiquer à ses compagnons d'armes, à ceux surtout qu'il appelait ses enfants, qui lui étaient particulièrement confiés et qui allaient partager avec lui le sort de cette lamentable retraite.

En sortant de Moscou, les difficultés se firent sentir, immenses déjà, mais tolérables, en comparaison de celles qui nous étaient réservées; on s'engagea dans des chemins de traverses, où l'artillerie à pied eut bien des difficultés pour sauver ses pièces. Ce n'était que le commencement des peines et des soucis de Drouot. Grâce à sa bravoure personnelle et à celle de ses officiers, jointe à l'autorité qu'ils avaient sur leurs soldats, les obstacles furent surmontés, et tous les convois arrivèrent en bon état au bivouac.

L'ennemi cherchait à couper nos communications pour nous priver de vivres et de munitions; elles ne manquèrent jamais pendant toute la durée de cette affreuse guerre, grâce au zèle des généraux Eblé et Lariboisière. Il fallut combattre presque chaque jour. A Polotsk on livra une sanglante bataille, où l'avantage nous resta comme toujours. A Malo-Jaroslavetz, le combat fut des plus acharnés et des plus meurtriers; la ville fut six fois prise et reprise, cependant ces ruines restèrent entre nos mains. Nos pauvres soldats se trouvaient déjà harassés, épuisés; pendant cette marche, beaucoup de fourgons mal attelés avaient dû être abandonnés. Ces pertes devaient aller toujours en augmentant.

Kutusof s'était d'abord trompé sur nos mouvements; mais bientôt s'apercevant de son erreur, il voulut nous barrer la route à Wiazma. Nos soldats, exténués, luttèrent cependant avec énergie, et, après une nouvelle victoire, ils campèrent dans les bois, sans autre ressource que les chevaux mourants qu'on abattait à mesure, et dont on faisait rôtir les quartiers au feu des bivouacs.

Ce fut le 6 novembre, à Dorogobouge, que la neige fit son apparition; les 7 et 8, le froid devint de plus en plus vif, et le verglas si glissant, que les chevaux ne pouvaient plus avancer. A chaque montée, en doublant, en triplant même les attelages, on ne parvenait pas à tirer les pièces du plus faible calibre. Les chevaux tombaient, se déchiraient les genoux et ne pouvaient surmonter l'obstacle; on n'avait pas le moindre clou à glace!...

Le 9, eut lieu le triste passage du Wop. On arriva à Smolensk dans un état affreux : nos soldats, les vêtements en lambeaux, la figure pâle et amaigrie, se traînant à peine, ressemblaient plus à des spectres qu'à des hommes. Les malades, les blessés étaient abandonnés sur les routes. On ne retrouvait un peu d'énergie et de forces que pour résister aux Cosaques, qui, comme une nuée d'oiseaux de proie, suivaient nos malheureuses colonnes. Ce fut dans cette ville de Smolensk que Napoléon, d'après les représentations réitérées des chefs de l'artillerie, consentit enfin à sacrifier quelques canons et à en proportionner le nombre à la quantité de munitions qu'on avait le moyen de transporter.

Par une froide nuit, l'empereur, plus sombre et plus préoccupé qu'il ne voulait le laisser paraître, se leva et sortit. L'obscurité régnait partout; la neige, amoncelée, enveloppait comme un vaste linceul les champs, les arbres et les masures abandonnées. Vainement le regard interrogeait-il l'horizon; rien ne se montrait, rien ne se laissait deviner. Un morne silence attristait l'âme. Le pas monotone des sentinelles et cette insaisissable rumeur des camps venaient de minute en minute rappeler que dans cette neige et ce brouillard il y avait une armée. Tout dormait. Après une solitaire méditation, l'empereur, ne pouvant résister plus longtemps à la bise glaciale, se disposait à rentrer sous le chaume qui lui servait de palais. Il avait cependant lutté contre les éléments; mais lui, le vainqueur du monde, était vaincu. Sa capote grise ramenée sur sa poitrine et le large manteau de guerre qui l'enveloppait, étaient impuissants à le protéger contre la rigueur du froid.

Les vieux grenadiers de la garde impériale, en faction depuis une heure, marchaient rapidement devant la porte dans un religieux silence. C'étaient des corps bronzés venus des Pyramides à la Bérézina, et qui méprisaient la souffrance et la mort. Cependant ils tremblaient de froid et pouvaient à peine secouer leurs fronts couverts de neige. De temps à autre les deux sentinelles s'arrêtaient, et, comme par un mouvement instinctif, dirigeaient les yeux vers le même point. C'était une masse informe dans un lointain peu éloigné, et on croyait apercevoir, à travers l'atmosphère épaisse et lourde, une faible lueur briller immobile comme la flamme d'une lampe.

Les yeux de Napoléon suivirent le regard de ses grenadiers. Étonné d'abord, l'empereur fit quelques pas en avant; sa tête inclinée sur sa poitrine se releva, ses yeux brillèrent d'un éclat de bonheur, et sa bouche murmura : « Bonne et brave artillerie! Il y a donc encore des hommes forts! »

Il avait tout deviné. Au bivouac de l'artillerie quelqu'un veillait. La journée précédente avait été rude cependant, et le lendemain devait l'être plus encore.

Napoléon rentra et donna précipitamment un ordre. L'officier de service accomplit sa mission et revint bientôt après : « Sire, dit-il, c'est le colonel Drouot qui travaille et prie Dieu. »

Aux premières heures du jour, Drouot était à cheval; il se battit jusqu'au soir (1).

Mais la retraite devenait de plus en plus difficile; les pauvres chevaux mouraient sur la route, par suite des fatigues et de la nourriture insuffisante. L'artillerie était dans le plus déplorable état par le manque de moyens de transport. Afin de sauver quelques pièces de plus, Drouot donna ses chevaux, sacrifice à peu près inutile....

Le 15, Napoléon et sa garde arrivèrent à Krasnoé, de douloureux souvenir. Il fallut lutter, se battre encore. Au centre de sa garde, l'empe-

(1) Extrait du *Moniteur de l'armée* du 10 avril 1847, d'après M. Joachim Ambert.

reur dut gravir à pieds les escarpements ennemis, enfonçant dans la neige jusqu'aux genoux. Les Russes sont derrière nous, il faut les repousser; mais les forces des soldats sont épuisées, et la voix de Napoléon qui commande le feu ne parvient pas à se faire écouter : toute énergie est éteinte dans ces pauvres soldats, mourants de fatigue et de faim.

Quelques cavaliers sous les ordres de Latour-Maubourg et l'artillerie de l'inébranlable et fidèle Drouot aident seuls à surmonter les obstacles et à tenir l'ennemi à distance.

Drouot n'avait plus que douze pièces de canon, et il parvint cependant à écarter le danger. Jamais on ne montra tant de bravoure et d'activité.

Mais un genre de mérite plus haut et plus rare allait achever de le rendre cher à l'empereur; car ce n'était point dans les batailles contre les hommes qu'il devait apparaître tout entier, c'était surtout dans cette autre bataille que, par la volonté de la Providence, les éléments allaient livrer à nos vieux et héroïques soldats. Il avait devant lui des immenses steppes glacées de la Russie, désert sans fin et sans issue que la neige couvrait profondément; il voyait dans les rangs le découragement et le désespoir assombrir les visages; il comprit, ce grand cœur, que, pour inspirer à ses compagnons la force d'âme surnaturelle qui leur manquait, ce n'était pas assez de partager leurs fatigues et leurs souffrances, mais qu'il devait en prendre une part plus grande que tous, et donner ainsi à ses paroles l'autorité de l'exemple.

Chaque jour donc, en plein air, comme s'il eût été sous le ciel de Naples, et en présence de ses soldats, il ouvrait le col de sa chemise, appendait un miroir à l'affût d'un canon, se faisait la barbe et se lavait le visage, malgré le vent du nord qui crispait ses doigts et glaçait son sang. Cet exemple de l'empire de l'âme sur les douleurs du corps, surexcita le courage de ses soldats. Aucun ne se sentait le droit de se plaindre en présence de tant d'abnégation de leur chef, et par un commun et suprême effort, ils firent taire leurs souffrances et se montrèrent les plus vaillants.

La Providence récompensa le dévouement de Drouot, car il ramena jusqu'en Pologne la plus grande partie de ses enfants : tous ceux qui avaient été épargnés par les balles et les boulets russes.

Arrivé le 22 novembre à Toloczin, Napoléon y apprend que l'ennemi nous barre le passage de la Bérézina, notre unique voie de salut pour rentrer en Pologne.

Le 26, l'artillerie de la garde a perdu trois pièces; Drouot l'apprend, et à la tête de vingt-quatre hommes, il part dès quatre heures du matin, il veut retrouver ses pièces.

Dans des circonstances aussi critiques, par une température aussi glaciale, il fallait qu'il fût bien aimé de ses soldats pour que ceux-ci consentissent à affronter de nouveaux dangers parmi des hordes ennemies. Il encourage donc ses compagnons, leur fait entrevoir un meilleur avenir, et leur rappelle la France, cette chère patrie où tous les maux seront finis. A peine a-t-il fait quelques pas, qu'il est arrêté par une bande de Cosaques. Descendant de cheval, il met l'épée à la main et commande le feu; il soutient le choc; puis, poursuivi par les Cosaques, il rentre au camp avec ses vingt-quatre hommes sans en avoir perdu un seul et ayant lutté avantageusement contre un plus grand nombre d'ennemis.

L'empereur décide que le fleuve sera passé à Studianka. C'est là où le brave général Eblé allait couronner sa carrière par un service immortel; car ce n'était pas tout que de plonger hardiment dans l'eau glacée pour établir un pont sur le fleuve, il fallait encore achever ce difficile ouvrage malgré l'ennemi, dont on apercevait les vedettes sur la rive opposée. Le général Eblé eut pour le seconder des officiers dignes de s'associer à son œuvre; l'intrépide Drouot fut du nombre. Travaillant comme un simple pontonnier, il excitait les autres par son exemple et par ses paroles.

Les soldats, démoralisés, n'obéissaient plus; Eblé, Larrey et Drouot étaient les seuls hommes de bien que toute l'armée continuât à respecter et à écouter, même quand ils ordonnaient, comme en ce moment, des efforts presque impossibles. Enfin les ponts furent établis, et le défilé commença; Drouot passa avec Napoléon dans la nuit du 27 au 28.

Le froid augmenta alors chaque jour; il atteignit 18, 19, 20 degrés, et arriva à 24; il fallait cependant se battre toujours. Ici se place un trait de parfaite charité, qui prouve combien Drouot sut toujours agir selon le véritable esprit chrétien. On montait une petite côte, et, tous les attelages doublés, on avait encore beaucoup de peine à la gravir, vu la débilité des chevaux et le froid excessif. Les Russes, comme toujours, nous poursuivaient, et nos colonnes accéléraient forcément une marche si pénible. Depuis Moscou, d'anciens habitants, Français d'origine, craignant la colère des Russes, suivaient notre armée ; l'un d'eux vint vers le colonel Drouot, lui demandant instamment de vouloir bien lui faire donner un cheval pour aider à gravir la montée, au bas de laquelle était restée toute sa famille, exposée aux coups de l'ennemi. Le colonel lui répondit qu'il lui était impossible d'arrêter la marche de la colonne, mais qu'il allait lui porter secours. Suivi de quelques officiers et canonniers, il descend vers la voiture arrêtée, et, se mettant aux roues, il parvient, après bien de la peine, à tirer le convoi de sa position critique. Arrivé au haut de la montée, le colonel Drouot distribua à cette malheureuse famille un peu d'eau-de-vie qu'il avait sur lui, et regagna avec sa petite troupe la colonne qu'il commandait.

En quittant Molodeczno, le thermomètre descendit à 30 degrés. Malgré cette température sibérienne, Drouot ne voulut jamais s'approcher du feu, car il en considérait l'action comme très nuisible dans les circonstances atmosphériques où l'on se trouvait. Et, en effet, combien d'hommes périrent ou gagnèrent de mortelles maladies par leur précipitation à s'approcher des brasiers que l'on s'empressait d'allumer dès que l'on faisait une halte. Le colonel recommandait à ses hommes l'exercice, et, selon son habitude, il prêchait d'exemple. On le voyait, à peine arrêté, prendre une hache et se ranimer en fendant du bois ou en cassant de la glace.

Souffrant pour les autres plus que pour lui-même, il se dépouillait volontairement de ses provisions et distribua souvent le peu qu'il avait. Un jour, on était alors près de Wilna, un détachement avait été envoyé au-devant de Drouot, qui avait les plus grandes peines à faire avancer ses canons. L'officier qui commandait le détachement avait apporté au colonel un peu de sucre et de café en poudre, objets alors rares et du plus grand luxe, car tout manquait. Le soir, on était blotti dans une sorte de masure. Le colonel ouvre le petit paquet arrivé de Wilna et dit aux officiers qui l'entouraient : « Messieurs, je vous offre du sucre et du café, peu à la vérité, mais nous partageons. »

Enfin, on arriva à Wilna, où l'on espérait se reposer et se refaire un peu ; mais Murat ordonna le départ dès le matin, et les glorieux restes de la plus belle armée du monde continuèrent la douloureuse retraite.

Presque aux portes de Wilna, une lieue et demie après, une scène triste et décourageante vint affliger les regards.

Une montagne qui formait la berge gauche de

la Wilia, et que six mois auparavant nos escadrons victorieux avaient descendue au galop en poursuivant les Russes, était couverte de verglas et présentait aux voitures un obstacle presque insurmontable. Les caissons d'artillerie, les fourgons du trésor glissaient sur la pente et roulaient en brisant tout ce qu'ils rencontraient. Là restèrent les derniers trophées de Moscou, que nos pauvres soldats avaient traînés jusqu'alors, espérant les remporter en France, infortunés qui avaient peine à y rapporter leurs corps !

Tous les efforts étaient inutiles pour faire avancer l'artillerie ; vingt chevaux attelés à un seul canon ne pouvaient arriver à le hisser au haut de la montagne. Le colonel prit son parti ; il ordonna d'abord aux détachements de canonniers qu'il avait ralliés de se porter au sommet de la montagne et de s'y reposer en l'attendant; quant à lui il resta aux pièces avec deux officiers et quelques artilleurs. Les Cosaques arrivèrent bientôt à fond de train et cherchèrent à entourer ce groupe héroïque. Le colonel, impassible, ne broncha pas et ordonna le feu d'une voix forte. On employa ainsi tout ce qui restait de munitions, faisant subir aux ennemis de grandes pertes. L'invulnérable Drouot était au milieu, encourageant et excitant les nôtres. Ce furent là les derniers coups de canon tirés par l'armée française en Russie !.... Le colonel fit alors incendier tout ce qui était à portée; les hommes, harassés, poursuivis de près par les Cosaques, dételèrent les pièces et furent obligés de les abandonner dans la neige. Ainsi, jusqu'au dernier moment, et même quand tout espoir était perdu, Drouot combattit et fit reculer l'ennemi.

Le 12 décembre, les survivants de tant de désastres entraient à Kowno; dans les rangs de la garde, il ne restait plus que quinze cents hommes. Il fallut encore combattre et se défendre contre les charges des Cosaques. Enfin on arriva à Kœnisberg, dernière étape de cette longue agonie. Nos maux cependant n'étaient pas encore finis, et la main de Dieu continuaient à s'appesantir sur nous. Dans cette ville, l'armée française fit deux pertes à jamais regrettables : celle de Lariboisière, qui fut atteint de la contagion régnante, une espèce de peste que les médecins appelaient fièvre de congélation; l'héroïque Larrey (1) ne put empêcher le fatal dénouement; le bon et brave général Eblé, hérita des fonctions de premier inspecteur général de l'artillerie; mais ce noble vieillard, qui avait contracté le germe d'une maladie mortelle au passage de la Bérézina, expira peu de temps après (31 décembre 1812). Le général Sorbier le remplaça à son tour.

La retraite continua par Eblin, Dirschau, et enfin Posen, où le grade de général de brigade attendait Drouot (10 janvier 1813).

Sa douleur fut grande et profonde de quitter le régiment d'artillerie à pied de la garde, qu'il aimait d'un amour paternel et où il était vénéré.

(1) Voir, à la fin du volume, la note XIII.

Ses lettres, à cette époque, témoignent de son chagrin (1).

Ney avait été nommé prince de la Moskova.

Frappé de la simplicité, du désintéressement, de l'esprit religieux de Drouot, dont la fermeté d'âme rappelait les plus beaux caractères de l'antiquité, Napoléon lui avait donné un surnom glorieux qui lui restera dans l'histoire : le *Sage de la grande armée* (2).

(1) Voir, à la fin du volume, la note XIV.

(2) Pour ce chapitre nous avons consulté, en plus de M. Nollet qui sert de base à notre travail, Thiers, *le Consulat et l'Empire;* Guizot, *Histoire de France;* M. de Ségur, *Histoire de la campagne de Russie;* P. Lacordaire, *Éloge funèbre du général Drouot.*

---

# CHAPITRE IX

**Première campagne de Saxe. — Armistice.**

Tant que la France avait été victorieuse, c'est-à-dire pendant vingt ans, Drouot, malgré ses services, était demeuré dans un rang inférieur et comme à l'arrière-garde de la gloire. Comme une plante modeste et peu hâtive, il s'était caché à l'ombre des grands noms, et Dieu, se servant de sa vertu même pour en suspendre l'éclat, l'avait réservé à nos jours de malheur.

La France admira un mérite si lent à se produire; elle en aima l'à-propos touchant. Elle rattacha son souvenir au souvenir éloquent de ces combats, où la victoire elle-même était mélancolique et découragée, parce qu'elle donnait la gloire sans donner le salut (1).

L'empereur en jugea comme la France, et le reconnut supérieur à un grand nombre de ses maréchaux ; aussi, le 26 avril 1813, il le nomma

(1) P. Lacordaire, *Éloge funèbre du général Drouot.*

son aide de camp ; Drouot ne devait plus quitter son souverain un seul instant jusqu'à l'exil sans retour.

Lorsqu'il alla remercier le maître de cet avancement et de l'honneur qui lui était fait, Napoléon, n'ayant pas oublié la fameuse nuit où il avait surpris la veillée de cet intrépide soldat, lui dit : « Vous n'en devez remercier que votre énergie et votre dévouement. »

Le nouvel aide de camp prêta serment le 7 mars, et seconda Napoléon avec intelligence dans la réorganisation de l'artillerie, qu'il fallait en quelque sorte reconstituer entièrement, tant en hommes qu'en matériel.

L'empereur, malgré ses récents désastres, n'était pas guéri de ses vues ambitieuses, et désirant toujours de nouveaux lauriers, pensait à la guerre. Voulant étonner l'Europe par la prompte réorganisation de son armée, il y employa son puissant génie et réussit pleinement.

Hélas! ce devait être les derniers sourires de la fortune et de la victoire envers leur favori.

La campagne de Saxe est décidée. Napoléon quitte Paris le 15 avril 1813, après avoir laissé la régence à Marie-Louise. Le 16, il arrive à Mayence; le 25, il est à Erfurth, où il organise et réunit ses quatre corps d'armée. La garde formait le cinquième. Ainsi la résurrection était accomplie; il avait fallu créer de nouvelles troupes, tous les corps étant désorganisés depuis cette fatale guerre de Russie. Mais les pertes se trouvaient déjà réparées ; des réserves, que l'on formait en Italie, devaient bientôt rejoindre l'armée ; aussi la rage de nos ennemis ne connut-elle plus de bornes quand ils apprirent que notre armée était si brillante et si belle, eux qui croyaient l'avoir anéantie !

Cependant l'empereur n'avait alors que quatre-vingt mille hommes à opposer à deux cent cinquante mille ennemis. Malgré ce petit nombre, l'enthousiasme était si grand, notre armée présentait un ensemble si imposant et si fier, que tout faisait présager une heureuse et victorieuse campagne.

Elle s'ouvrit le 1er mai 1813, par le glorieux combat de Weissenfels, où le maréchal Bessières, duc d'Istrie, brave et bon soldat, tomba mortellement frappé aux côtés mêmes de Napoléon. L'aigle impériale força encore les défilés de Poserna, malgré la bravoure du commandant, le prince de Wittgenstein. La division Souham, poursuivant l'ennemi, arriva la première à Lutzen.

Le général Drouot, attaché à la personne de l'empereur, avait quitté Paris en même temps que lui. Ses fonctions d'aide de camp lui offraient un service plus doux ; mais comme il ne craignait pas la fatigue, il supplia Napoléon de le laisser encore attaché à l'artillerie, arme qu'il aimait de prédilection. Ses désirs furent exaucés et c'est à ce général que l'artillerie de la jeune garde dont il était le commandant dut d'être citée honorablement à l'occasion de la grande journée de Lutzen.

Dès le matin du 2 mai, Napoléon se trouva en face de deux armées prussiennes et russes, qui avaient déjà pris position ; la sienne n'était pas encore réunie ; malgré cette inégalité, il dut accepter la bataille.

Une partie de son armée avait établi son camp à Lutzen ; Napoléon commença par aller visiter le monument élevé à la mémoire de Gustave-Adolphe, ce héros de la Suède, frappé dans cette plaine, et ordonna qu'un monument fût aussi élevé au duc d'Istrie.

Bientôt l'action est engagée. L'empereur n'a sous la main que peu d'artillerie et beaucoup de jeunes conscrits. L'ennemi s'était emparé du village de Kaïa. Nos jeunes militaires s'avancèrent résolument pour le reprendre ; ils se battirent comme des lions. Ney en était surpris et charmé. Ils arrachent le village aux ennemis ; mais bientôt ceux-ci reviennent en plus grand nombre, et Kaïa retombe en leur pouvoir. L'empereur de Russie, Alexandre, et le roi de Prusse, Frédéric-Guillaume, observaient la bataille du haut d'un monticule. Le combat fut long, acharné ; le farouche Blücher, blessé au bras, se battit cependant avec une fureur et une fougue extraordinaire.

Drouot, monté dans un clocher, aperçoit le corps de Lauriston qui vient à notre secours. Aussitôt que cette bonne nouvelle est portée à l'empereur, il se met à la tête de la jeune garde, qu'il enlève par sa présence. Kaïa est de nouveau disputé aux Russes. Mais les charges de cavalerie menacent à un moment d'enfoncer notre centre. Napoléon s'aperçoit du danger ; il a encore sous la main dix-huit mille hommes et la puissante réserve d'artillerie de la garde impériale. Il prescrit à Drouot d'aller, avec quatre-vingts bouches à feu, se placer un peu obliquement sur notre droite, afin de prendre de front la cavalerie ennemie qui nous attaquait sans interruption. Ces ordres sont exécutés sans délai. Drouot fait agir son artillerie, et, se servant avec art de l'avantage du sol, dirige une partie de ses quatre-vingts pièces de canon sur la cavalerie ; avec le reste prend en écharpe l'infanterie de Wittgenstein et d'York, faisant pleuvoir sur les uns et sur les autres les boulets et la mitraille. Accablés, fantassins et cavaliers ennemis sont bientôt obligés de battre en retraite; rien ne peut tenir contre cette pluie de feu. L'artillerie ennemie nous avait cependant vigoureusement répondu; mais Drouot finit par démonter les pièces qui nous faisaient le plus de mal. Toujours intrépide et calme au milieu de l'action, au moment où un boulet venait d'enlever la corne de son chapeau, il se prit à rire avec bonhomie, disant : « Je vais être obligé de retourner ce pauvre chapeau pour ne pas avoir une trop drôle de tête. »

Enfin Kaïa nous reste, et nous couchons en vainqueurs sur ce champ de bataille, couvert de ruines, inondé de sang, que les coalisés sont obligés de nous abandonner après l'avoir disputé si longtemps avec un acharnement sans exemple.

Toute l'armée ennemie est en fuite, et si nous avions eu notre cavalerie habituelle, notre victoire eût été plus complète. Jamais nos troupes n'avaient déployé autant de valeur, jamais les officiers supérieurs n'avaient mieux compris les intérêts de la patrie; aussi Napoléon, radieux, s'écriait : « Depuis vingt ans que je commande les troupes françaises, je n'ai jamais vu plus de bravoure et de dévouement. Mes jeunes soldats! l'honneur et le courage leur sortaient par tous les membres. » Trente-neuf mille coups de canon avaient été tirés.

Retiré dans sa tente, l'empereur recevait les compliments de tous, car cette victoire décisive devait avoir un immense retentissement dans toute l'Europe. Maréchaux, généraux, tous étaient joyeux; l'un d'eux dit à l'empereur : « Sire, c'est le jour le plus heureux de votre vie! » Napoléon répliqua vivement : « Non, Monsieur. » Il se fit un silence, et chacun ensuite nomma le jour qui lui semblait mériter le mieux cette qualification : « Montenotte; le 18 brumaire; Marengo; le couronnement; Austerlitz; la naissance de son fils. — Non, Messieurs, » dit encore Napoléon. Il y eut un nouveau silence et de l'étonnement; et Napoléon, grave, recueilli et très ému, nomma le jour de sa première communion. Comme il promenait son regard dans l'assemblée, où il ne voyait que de la surprise, il aperçut des larmes dans les yeux de l'un des assistants; il s'approcha de lui, et, lui serrant la main, « Vous me comprenez, vous, » lui dit-il. C'était le général Drouot, qui pratiquait lui-même sa religion dans les camps avec la régularité d'un chrétien de la primitive Église (1).

Après cette victoire, Napoléon entra en vainqueur à Dresde, le 8 mai ; son état-major l'entourait, ainsi que tous ses aides de camp. Les Français reçurent un bon accueil des habitants.

Mais les Russes étaient restés dans la ville neuve, sur la rive droite de l'Elbe; leurs boulets balayaient le côté du fleuve où nous nous trouvions. L'empereur appelle Drouot et lui ordonne de faire avancer ses canons. Bientôt, sous l'habile commandement du brave général, quatre-vingts pièces sont réunies et foudroient les ennemis. Les Russes, impassibles sous la mitraille, resserrent leurs rangs et chargent de nouveau leurs pièces. Napoléon, impatient, et trouvant que l'effet de son artillerie n'arrête pas assez promptement le feu des alliés, saute à bas de son cheval, et se dirigeant vers Drouot, lui tire un peu rudement l'oreille, geste familier qu'il se permettait quelquefois avec ses lieutenants; l'aide de camp, commandant d'artillerie, subit la correction avec patience, et défie l'empereur de mieux placer les canons. En effet, Drouot n'avait pas de rival dans l'art de disposer et de pointer les pièces. Napoléon déclina le défi avec le rire d'un enfant apaisé et remonta à cheval.

Pendant ce temps, nos boulets avaient fait de

(1) Extrait de l'ouvrage du chevalier de Beauterne : *Enfance de Napoléon*. Ce trait touchant a été raconté par Drouot à l'évêque de Nancy.

tels ravages parmi les Russes, qu'ils furent obligés de battre en retraite au plus vite, et aussitôt nos troupes occupèrent le faubourg de Neustadt ou ville neuve.

Les jours suivants, de petits engagements eurent lieu, entre autres à Bischoffwerda, où Drouot écrasa l'arrière-garde russe. Vers cette époque, le 14 mai, il écrivait : « Depuis quinze jours nous avons frappé de grands coups; nous pouvons compter sur une campagne heureuse. Sa Majesté ayant eu la bonté de m'employer suivant mes goûts, c'est-à-dire avec les canons, j'ai été à portée de suivre de très près les jeunes canonniers dont j'ai été très content. Presque toute l'armée a déjà passé l'Elbe; nous attendons l'ordre de nous mettre en route pour nous diriger vers l'Oder, où nous espérons arriver avant la prise de nos places.

Une grande bataille se préparait encore. Napoléon quitta Dresde le 18, et rencontra l'armée des alliés devant Bautzen, ville fortifiée qui passait pour imprenable. Les ennemis occupaient de fortes positions. L'action ne tarda pas à s'engager; on se battit pendant deux jours. L'attaque avait lieu de plusieurs côtés à la fois; ce fut encore l'artillerie qui décida la victoire. Les masses ennemies tenaient ferme, on ne pouvait arriver à les enfoncer; Drouot et Dulauloy partent au trot, emmenant avec eux soixante pièces de canon, et envoient force boulets dans les rangs des alliés. La cononnade dura de midi à sept heures du soir. Il y eut un moment où notre artillerie occupait l'espace de trois lieues. Si Ney avait eu ce jour-là l'audace et la fougue qui le distinguaient quelquefois, toute l'armée prussienne, sous les ordres de Blücher, était écrasée ou faite prisonnière; mais ce splendide résultat nous échappa par le manque d'énergie de ce maréchal. L'ennemi, en fuite, ne songeait qu'à la retraite. Pendant ces deux journées, les alliés avaient perdu dix-huit mille hommes. Après la grande victoire de Bautzen, le 22, Napoléon voulut assister en personne à la poursuite des ennemis; il fit la guerre aux avant-postes, comme à vingt ans, dirigeant lui-même les manœuvres de détail.

Un combat s'engagea entre la cavalerie ennemie et la garde, à Reichenbach ; mais l'avantage nous resta, et, toujours victorieux, nous continuâmes à poursuivre l'ennemi. Le soir, nous couchions à Gorlitz, de triste mémoire; car un boulet, en ricochant, tua successivement le général Kirgener, excellent officier du génie, puis Duroc, grand maréchal du palais. L'empereur éprouva un tel chagrin de la mort de son ancien et dévoué compagnon d'armes, qu'il rentra dans sa tente, ne voulant plus s'occuper de rien ; Drouot étant venu quelque temps après lui demander ses ordres pour le lendemain, il lui répondit : « A demain tout. »

Le 25 mai, Drouot est à Buntzlaw; le 27, à Liegnitz ; le 31, la garde couche à Neumarkt.

En un mois, l'armée reconstituée avait fait triompher le drapeau tricolore à Poserna, à

Lutzen, à Weissig, à Bautzen et à Vurtehen.

Les alliés avaient besoin de se réorganiser après toutes les pertes qu'ils venaient d'essuyer si rapidement; aussi demandaient-ils à grands cris une suspension d'armes; c'était une question de vie ou de mort pour la coalition.

De toutes parts s'élevaient vers Napoléon, encore si puissant en Europe, un concert d'aspirations pacifiques auquel il cherchait vainement à échapper. L'Autriche avait accepté le rôle de médiatrice.

Le 5 juin, l'armistice est signé à Pleiswitz. Napoléon établit sa résidence à Dresde, au palais Marcolini, et reprit son genre de vie de Paris. Il y avait un lever comme aux Tuileries, des revues et des manœuvres. Drouot s'occupa de nouveau de remonter le matériel de l'artillerie, et fut nommé pour présider aux mouvements journaliers des troupes au champs de Mars de Fiedrichstadt, dans le bois d'Ostra.

L'empereur, qui appréciait de plus en plus son aide de camp, lui confia diverses missions de confiance. Le 14 juin, Drouot partit pour Hambourg, afin d'examiner l'armement de cette ville et ses moyens de défense. De retour à Dresde, le 20, il remit ses notes à Napoléon, qui bientôt envoya à Hambourg trente-deux bouches à feu.

Il continua à visiter, toujours pour la même mission, les places de Magdebourg, Leipsick, Torgau et Mayence. Ce fut pendant que Drouot examinait les principales places fortes et les armait pour la défense qu'eurent lieu les fameux pourparlers de M. de Metternich ; mais, hélas ! toutes les démarches en faveur de la paix échouèrent, et l'armistice expiré, il fallut reprendre les armes, ayant une puissance de plus à combattre : l'Autriche, que les alliés avaient entraînée dans la coalition.

---

# CHAPITRE X

## Deuxième campagne de Saxe et d'Allemagne.

La reprise des hostilités commença par l'investissement de Dresde. Les alliés nombreux entouraient cette capitale, ne doutant pas d'en être bientôt maîtres. Mais Napoléon était dans la ville, où les habitants, consternés, n'avaient plus d'espoir qu'en lui. Sa présence seule leur rendit l'énergie et le courage. L'empereur se mit aussitôt à l'œuvre, et avec sa puissante organisation et son habileté sans exemple, il eut promptement disposé les travaux de défense et assigné à chaque corps d'armée sa place. Lui-même commandait au centre, où était Drouot avec l'artillerie de la garde.

Le alliés avaient reçu dans leurs rangs le général Jomini et le traître Moreau, qui furent accueillis avec des égards tout particuliers, car l'empereur Alexandre comptait beaucoup sur les talents de l'ancien Français pour arriver à une brillante victoire. Ce qui faisait dire avec colère et dépit au prussien Blücher : « Le czar pense que les généraux français peuvent seuls battre les Français. »

L'artillerie était nombreuse, car les deux armées réunissaient au moins douze cents pièces. Dès le matin du 26 août, la pluie et un épais brouillard gênèrent les manœuvres. L'empereur fit entretenir énergiquement le feu des pièces de la garde, seul moyen de défense qu'il eût.

Le czar était avec Moreau exposé à ce feu meurtrier, à Racknitz ; les boulets pleuvaient autour d'eux ; Moreau fit remarquer le danger de cette position à l'empereur Alexandre. Ils allaient se retirer, quand un boulet, parti des batteries dont Napoléon dirigeait le feu, frappa Moreau aux deux jambes. Il mourut quelque temps après à Taun, entouré des ennemis de son pays.

Le fidèle Drouot ne quitta pas un seul instant ses canons ; il resta impassible et calme, comme toujours, au milieu de l'effroyable mêlée ; ce fut là qu'une balle l'atteignit en pleine poitrine. Heureusement ses aiguillettes la détournèrent, et le choc fut amorti par une carte de géographie placée sous les revers de son habit.

Enfin, grâce à l'énergie de tous, Dresde fut sauvé, et l'ennemi obligé de battre en retraite. Dans cette journée, la victoire nous sourit pleinement. Hélas ! elle devait bientôt nous tenir rigueur (1).

Lorsque Drouot, rétabli après sept jours, se présenta à l'empereur, celui-ci lui-dit : « Je vous

(1) Thiers, *Le Consulat et l'Empire*, tome XVI.

nommé général de division. » (3 septembre 1813). Et quelques jours après, Napoléon lui confiait encore le travail de la garde, avec le titre d'aide-major général de la garde impériale (9 septembre 1813).

Malgré l'accumulation de ses fonctions, Drouot désirait toujours être attaché à l'artillerie comme le prouve une de ses lettres adressée à son ami Evain (1).

L'empereur ne se laissa pas tromper par l'éclat de la victoire de Dresde ; il voulut en poursuivre les conséquences, et son armée s'élança à la poursuite des Russes et des Prussiens.

Le 22 septembre, nous retrouvons Drouot encore à Bischoffwerda, sous les ordres de Lauriston. Ses canons font merveille, et, grâce à eux, l'armée entre dans Neustadt. Mais le moment était venu pour nous où les victoires restaient sans fruit et sans lendemain. Plusieurs corps d'armée furent battus séparément, les coalisés reprirent confiance.

Les attaques continuelles et répétées de l'ennemi avaient gravement diminué nos ressources ; la disproportion numérique allait croissant entre nos troupes et celles des alliés. Ayant évité longtemps Napoléon, attaquant ses lieutenants et harcelant sans cesse ses armées, les souverains coalisés, assurés de l'écrasante supériorité du nombre, résolurent, en réunissant toutes leurs forces, de frapper un grand coup. Toutes les ruses furent employées pour tromper le regard vigilant

(1) Voir, à la fin du volume, la note XV.

du grand capitaine, qui suivait tous les mouvements. Napoléon devina leur plan de concentration, et voulut l'empêcher. Ce fut le 16 octobre, dite journée du 16 ou première bataille de Leipzig, que l'action s'engagea avec un acharnement extraordinaire. Le village de Wachau, situé dans un fond, fut, en deux heures, pris et repris cinq fois.

A midi, Napoléon donne ordre à deux colonnes, l'une partant de Wachau, l'autre de Liebert Wolkwitz, de fondre sur l'ennemi et de le pousser vers la Pleisse. A peine le signal donné, nos deux colonnes d'attaque s'avancent, ayant entre elles la batterie formidable de la garde, dirigée par Drouot. Le feu était épouvantable, et tel, qu'il semblait qu'aucune troupe n'y pût résister. Bientôt Gortschakoff fut rejeté dans le village marécageux de Gulden-Gossa; de l'autre côté le prince Eugène de Wurtemberg était repoussé. Nous pouvions nous croire complètement victorieux, grâce à la vaillante artillerie de la garde, quand les ennemis, faisant donner toutes leurs réserves, revinrent à la charge. Le brave Drouot, qui était resté entre nos deux colonnes d'attaque avec sa formidable batterie, imagina de diriger toutes ses pièces vers les grenadiers ennemis, qui s'avançaient en si grand nombre, qu'ils formaient comme une longue muraille. Il se rapprocha encore de l'ennemi, s'avança le plus près possible, et se mit à tirer à mitraille sur les grenadiers russes, qui tombaient comme des pans de mur sous le feu de nos canons; mais l'artillerie ne pouvait à elle seule faire face à tout. Napoléon, qui s'aperçoit qu'il ne faut plus qu'un petit effort pour que le centre ennemi soit enfoncé, ordonne une charge générale de cavalerie; l'impétueux Murat commence par s'emparer de vingt-six canons. Malheureusement la réserve autrichienne débouche à notre droite; nos braves dragons et les cavaliers de Kellermann sont obligés de rétrograder. Puis bientôt les hussards et les Cosaques de la garde de l'empereur Alexandre viennent se joindre aux Autrichiens et chargent à leur tour, en se jetant à l'improviste sur le flanc de la cavalerie de Murat, qu'ils abîment. Le brave Latour-Maubour a la cuisse emportée par un boulet.

Les hussards et les Cosaques, lancés au galop, entourent de toutes parts la grande batterie de la garde qui était restée inébranlable au milieu du champ de bataille; c'est alors que Drouot, rabattant les deux extrémités de sa ligne de canons sur ses flancs, opposa, pour ainsi dire, un carré d'artillerie à la cavalerie ennemie, et lorsque celle-ci, en revenant, passa à portée de ses pièces, il la couvrit de mitraille.

La nuit sépara les combattants ; lorsque l'empereur parcourut le champ des morts, il reconnut que ses soldats étaient tombés à leur rang en gens d'honneur, mais que les ennemis n'avaient pas non plus faibli.

Cette journée nous coûta vingt mille hommes environ, et trente mille aux coalisés.

Triste et cruel sacrifice qui assurait à notre

armée un honneur immortel, mais qui devait couvrir de deuil notre malheureuse patrie.

Malgré nos avantages, aucun corps ennemi n'ayant été anéanti, le péril était immense ; rien ne pouvait plus empêcher la jonction de Blücher et de Schwartzenberg, et comment résister à ces masses énormes qui s'avançaient pour nous envelopper de toutes parts ?

L'empereur s'était résolu à battre en retraite lentement, majestueusement à travers Leipzig, et pour modifier ses lignes, il avait couru toute la nuit du 17 au 18, pour s'assurer en personne de l'exécution de ses ordres.

A la pointe du jour, en revenant à Probstheyda, Napoléon aperçut trois grandes colonnes ennemies qui marchaient concentriquement sur sa nouvelle ligne de bataille.

Il n'avait alors sous la main que cent trente et quelques mille hommes à opposer à trois cent mille. Les Prussiens, qui briguaient toujours la tête des attaques, par la raison fort honorable pour eux qu'il s'agissait dans cette lutte terrible d'affranchir l'Allemagne, s'élancent au pas de charge vers le point décisif de Probstheyda, situé sur une hauteur. Drouot, placé en avant, les attend avec l'artillerie de la garde, les laisse arriver, puis les couvre d'une pluie de feu, et les précipite confusément les uns sur les autres. Animés d'une ardeur indomptable, ils se remettent en rang, montent une seconde fois, et parviennent à entrer dans le village; mais notre artillerie les mitraille de nouveau et les chasse de cette position. Furieux de se voir arrêté dans Probstheyda, l'ennemi y concentre le feu de toutes ses batteries; le prince de Wittgenstein marche à la tête de son corps d'armée, soutenu par les réserves. Les troupes alliées se précipitent sur le terrain occupé par les Français. L'artillerie de Drouot, placée sur les flancs et en arrière du village, fait les plus terribles ravages dans les colonnes ennemies qui se reforment à demi-portée de canon. Les réserves et les ailes se rapprochent. Une attaque générale est imminente.

Drouot prévient l'empereur et lui demande du secours ; aussitôt Napoléon fait avancer Lauriston, et, sous une grêle de boulets, range lui-même les deux divisions de la vieille garde sous Friant et Curial, seule réserve qui lui reste.

Après avoir repris haleine et resserré leurs rangs, les divisions russes et prussiennes, d'un même mouvement, se reportent en avant, toujours décimées par la mitraille de Drouot; toutes ensemble se précipitent sur Probstheyda, l'enveloppent, y pénètrent et semblent cette fois devoir en rester maîtresses.

Mais le maréchal Victor avec ses troupes épuisées, et Lauriston avec les siennes, fondent à la baïonnette sur les Prussiens et les Russes; ils combattent corps à corps, puis, par un suprême effort, refoulent les assaillants hors du village et les culbutent sur la déclivité du terrain, où notre artillerie, profitant de cette occasion, les couvre encore de mitraille. Le généralissime prince de Schwartzenberg avait perdu dans ces attaques répétées plus de douze mille hommes. Il comprit que la valeur de nos soldats rendait cette position inexpugnable; il rétrograda, et prit position sur un terrain légèrement élevé, faisant face à Probstheyda.

Placé ainsi vis-à-vis des Français, il se mit à échanger avec eux l'une des plus épouvantables canonnades qu'on ait jamais entendues. Mais bientôt une terrible nouvelle arriva jusqu'à ces héroïques troupes. Les Saxons, au nombre de dix mille, sous le commandement de Reynier, venaient de nous trahir et de nous abandonner. A quelques pas à peine de notre ligne, ils avaient tout à coup tourné leurs pièces contre nous, en tirant sur la division Durutte avec laquelle ils servaient depuis deux années.

Napoléon abandonne aussitôt la bataille du sud, et court, avec la cavalerie et l'artillerie de la garde commandée par l'intrépide Drouot, pour fermer la brèche ouverte dans nos lignes par cette défection. Mormant et Compans se défendaient vaillamment à Schonfeld contre Blücher et les traîtres saxons, ayant à leur tête le soldat couronné Bernadotte.

Grâces aux secours amenés par l'empereur, les progrès des alliés furent arrêtés, et le combat, comme à Probstheyda, dégénéra en canonnade; il y avait plus de deux mille bouches à feu en action, et jusqu'à la chute du jour elles firent entendre leur voix redoutable. Les deux armées avaient gardé la position qu'elles occupaient le matin ; la rangée des morts indiquait seule à quel prix nos lignes avaient été défendues et quel affaiblissement avaient encore subi nos forces.

Ainsi se termina cette bataille justement dite des géants, et jusqu'ici la plus grande certainement de tous les siècles. Quatre-vingt-quinze mille coups de canon avaient été tirés.

Quelque temps après, le 24 octobre 1813, Drouot, en récompense de ses excellents services, recevait de l'empereur le titre de comte de l'empire.

La résistance était désormais impossible ; le sort des armes s'était prononcé contre nous. Une retraite douloureuse, mais nécessaire, commença aussitôt. La colère et la rage de nos vaillants soldats leur prêtaient de nouvelles forces contre l'ennemi qui s'acharnait à les poursuivre, et ce fut la baïonnette en avant que plusieurs corps s'ouvrirent un passage vers Lindeneau, qui ne possédait, hélas ! qu'un seul pont fort long et étroit ; l'emcombrement y fut bientôt au comble. Drouot, dans ces tristes circonstances, rendit encore à l'armée d'immenses services.

Napoléon se hâtait de regagner les limites du Rhin, pressé de devancer l'ennemi qui s'avançait pour lui barrer le passage. Enfin les défilés de la Thuringe furent franchis, mais sur cent mille hommes partis de Leipzig, cinquante mille au plus avaient supporté les fatigues et les souffrances de la marche ; la maladie, la débandade, la désertion diminuaient chaque jour nos ressources.

Le 30, au matin, Napoléon et les débris de son armée partaient de Langen-Sebold ; on marchait sur Hanau (1), où le général de Wrède, qui commandait les Austro-Bavarois, prétendait nous barrer la route du Rhin. Son avant-garde fut bientôt culbutée ; mais le gros de son armée arrête nos soldats en avant de la forêt de Lamboy. Le général de Wrède avait placé soixante pièces de canon sur la lisière de la forêt (2).

L'empereur reçut de ses généraux aides de camp, différents rapports qui lui représentaient ce passage comme impraticable. Il fallait cependant se frayer un chemin ou se laisser écraser, car d'autres ennemis étaient à la poursuite de notre armée.

« Allez voir ce qu'il y a à faire, » dit Napoléon à Drouot. Le général s'élance, et, au milieu du feu incessant de l'ennemi, aperçoit un chemin de traverse qui aboutissait sur la grande route et par où l'artillerie pourrait passer ; il marque de l'œil

(1) Hanau, petite place à demi fortifiée au confluent de la Kinzig et du Main, domine de son canon la grande route de Mayence.

(2) L'affaire qui allait s'engager est si importante, qu'il est nécessaire d'en connaître bien exactement l'emplacement.

La forêt de Lamboy s'étendait de gauche à droite ; au delà, le terrain était découvert ; mais on y trouvait l'obstacle de la Kinzig, petite rivière allant tomber dans le Main et enveloppant, avant d'y tomber, la place de Hanau. La route, après avoir traversé la forêt dans sa profondeur, débouchait en plaine, atteignait la Kinzig près du point où cette rivière se réunit au Main, passait ensuite à droite sous les canons de Hanau, enfin continuait jusqu'à Francfort et Mayence. (Thiers, Tome XVI, livre L.)

ce terrain, qu'il croit propice, et retourne chercher l'ordre de faire avancer ses canons. « Sire, dit-il, l'ennemi nous mitraille avec une forte batterie ; donnez-moi cinquante pièces, et j'espère que nous passerons.

— Allons voir, dit l'empereur. »

Mais les boulets sillonnent la terre et brisent les arbres autour d'eux.

« Retirez-vous, Sire, ce n'est point ici votre place.

— Vous y êtes bien, répondit Napoléon.

— Eh ! qu'importe, reprit Drouot, le temps que j'ai encore à vivre (1)? »

Cependant Drouot met en position deux pièces qui sont immédiatement démontées. Il persiste, et en établit dix autres. A mesure que l'artillerie de la garde s'avance, le général Drouot fait placer les pièces en batterie; bientôt les cinquante qu'il a cru nécessaires sont en position. Cette grande batterie marche en tirant ; bientôt les boulets et la mitraille pleuvent sur l'artillerie ennemie forte de quatre-vingts canons, la mettent en désordre et éteignent son feu. Le nôtre prend une supériorité marquée; les lignes de l'ennemi, déployées à petite distance, sont battues de front et d'écharpe pendant deux heures.

Napoléon fait soutenir ses braves artilleurs par deux bataillons de chasseurs commandés par le général Curial.

Lorsque les Bavarois aperçurent les bonnets à

(1) Général Ambert, *Vie du général Drouot.*

poils de la vieille garde, ils furent profondément émus et saisis de terreur; eux qui avaient autrefois honorablement servi dans nos rangs, savaient ce que c'était que la garde!...

L'empereur, voyant l'effroi de l'ennemi, fit ranger quatre-vingts bouches à feu et lança toute sa cavalerie. De son côté, le général de Wrède se décide à faire charger notre artillerie par sa cavalerie; ses munitions s'épuisaient, et il voyait ses hommes tomber en masse par l'effet de nos boulets.

Un choc terrible se produisit, les escadrons bavarois sont jetés de côté, mais ils se reforment bientôt et se précipitent à toute bride sur nos batteries. Drouot fait serrer ses pièces et place en avant ses canonniers avec la carabine chargée; lui-même, à pied, l'épée à la main, donne à tous l'exemple du courage et du calme. Il suspend le feu, attend l'ennemi, et écrase à propos, par une décharge simultanée, ces escadrons lancés à pleine course. Cependant, ceux que les balles ont épargnés se précipitent de tout leur poids sur nos batteries; un cavalier bavarois lève l'épée sur le général, mais il tombe percé de plusieurs coups de baïonnette avant d'avoir frappé (1); tous ces braves soldats veillaient sur la vie de leur cher général avec plus de sollicitude que sur la leur.

L'empereur, inquiet, avait envoyé au secours de cette brave artillerie, à qui il devait tant de

(1) Cet épisode a fourni à Horace Vernet le sujet d'un magnifique tableau qui se trouve actuellement au musée de Versailles; une copie en a été faite pour le musée de Nancy.

glorieux succès ; mais quand notre infanterie accourut, le brave Drouot était déjà dégagé, et les escadrons ennemis, qui fuyaient, étaient couverts d'une pluie de feu.

Le passage était libre!...

Tous nos soldats avaient fait des prodiges, impatients qu'ils étaient de fouler aux pieds les alliés infidèles, qui venaient imprudemment leur barrer le chemin de la France!

De Wrède, obligé de repasser la Kinzig, poursuivi avec rage par les nôtres, laissa dans nos mains dix à onze mille morts, blessés ou prisonniers.

Cette brillante rencontre nous avait coûté tout au plus trois mille hommes. L'honneur de l'armée française était dignement vengé!...

Maître enfin de ce trop célèbre défilé de Hanau, Napoléon put reprendre sa marche vers Mayence. Le 2 novembre, il arriva dans cette ville avec les restes de sa vaillante armée.

Ainsi ces braves revoyaient le Rhin après tant de victoires suivies maintenant de tant de revers ; il était douteux qu'on pût en interdire le passage à l'ennemi. Napoléon avait tant songé à la conquête, et si peu à la défense, que le sol de l'empire se trouvait presque entièrement découvert.

---

# CHAPITRE XI

## Campagne de France.

De retour à Paris, Napoléon déploya un zèle et une activité extraordinaires pour réorganiser encore une nouvelle armée, car la sienne était presque entièrement détruite. L'illustre Drouot le seconda puissamment. Napoléon, qui l'appréciait, plaçait en lui la plus grande confiance, surtout depuis ces gueres incessantes où, l'ambition faisant des progrès et la fatigue aussi, il avait été obligé de récompenser plus chèrement les moindres services. L'attitude de cet homme de bien, qui ne demandait jamais rien, l'avait frappé : c'était, sans contredit, un de ses meilleurs officiers, connaissant à fond toutes les parties de son métier, s'y appliquant avec une ardeur infatigable, sans se relâcher jamais, sans chercher, comme beaucoup d'autres, à se faire valoir à mesure que les difficultés angmentaient; n'ayant pas flatté son maître jadis, ne cherchant pas à l'affliger par ses critiques aujourd'hui ; se bornant à servir de toutes ses facultés le prince et la patrie, qu'il confondait dans la même affection et le même dévouement.

Napoléon, comme les despotes de génie, écoutant les adulateurs sans les croire, ne pouvait s'empêcher d'estimer et de rechercher les honnêtes gens quand il les rencontrait, et il avait peu à peu ressenti pour Drouot un penchant qui s'était accru avec ses malheurs. Au moment où nous sommes arrivés, il avait résolu de lui confier sa garde tout entière.

Il s'était aperçu que le ministre succombait sous la besogne et même que sa fidélité s'ébranlait, aussi avait-il commencé à s'en défier. Il fit donc de Drouot, sans lui conférer d'autre titre que celui de son aide de camp, un véritable ministre de la garde impériale. Il lui attribua le soin de toutes les promotions, qui allaient devenir nombreuses dans un corps destiné à s'accroître considérablement, et lui confia, en outre, sa dernière ressource, *sa poire pour la soif*, comme il l'appelait, ses soixante-trois millions restant de ses économies personnelles, certain que Drouot équiperait les divers corps de la garde avec autant d'économie qu'on pouvait l'espérer de la probité la plus pure et de la vigilance la plus soutenue.

D'après ses nouvelles combinaisons, Napoléon espérait réunir de quatre-vingts à cent mille hommes. Il autorisa donc Drouot à acheter des chevaux pour sa cavalerie ; à créer, à Paris et à

Metz, des ateliers d'habillement; à faire confectionner des affûts pour l'artillerie; en lui recommandant de tout faire, de tout payer lui-même et sans employer l'intermédiaire du ministre de la guerre; Drouot devait recevoir du trésorier particulier de Napoléon les fonds dont il aurait besoin (1).

Toujours dévoué, il s'acquitta de toutes ses fonctions avec son zèle, sa probité et son savoir habituels : grâce à lui, la garde fut bientôt équipée et prête à entrer en campagne.

Ce fut au milieu de tous ces grands travaux que se termina cette désastreuse année de 1813, que le Ciel semblait avoir assignée comme la dernière période des succès de Napoléon.

L'année 1814 s'ouvrait sous de tristes auspices; les alliés avaient franchi les frontières du beau royaume de France, et, par leurs proclamations, ils cherchaient à rassurer les populations qui fuyaient à leur approche.

Le 25 janvier, Napoléon quitta Paris avec tous ses aides de camp, parmi lesquels se trouvait Drouot. La régence avait été confiée à Marie-Louise, et Joseph Bonaparte, qui, depuis sa chute du trône d'Espagne, avait été relégué à Mortefontaine, fut mandé à Paris pour recevoir la mission de défendre la capitale.

Le 26, la garde arrive à Châlons; le 27, à Saint-Dizier, et le 29, à Brienne, où l'armée française rencontre quarante mille ennemis, conduits

(1) Thiers, *Le Consulat et l'Empire*, tome XVII.

par Blücher. Ce fut devant cette ville que se livra la première bataille de cette lutte défensive, qui fut encore pleine d'héroïsme et de valeur.

Une action des plus vives et des plus acharnées s'engagea bientôt. Napoléon parcourait les rangs et s'exposait au feu de la mousqueterie, pour relever le courage de ses troupes, dont une partie, composée de nouvelles levées, montrait une mollesse désespérante dans un début si décisif; ces jeunes soldats étaient exténués par des marches forcées dans des chemins couverts de boue. Vers la fin de la bataille, des Cosaques s'étaient glissés furtivement et cherchaient l'empereur; celui-ci entouré de son état-major, donnait ses ordres et se multipliait; heureusement on aperçut tout à coup ces hardis cavaliers, on les repoussa à coups de carabine et de pistolets; ils ripostèrent bravement, et ils étaient arrivés si près que le prince de Wagram eut son chapeau renversé d'un coup de lance (1). Par cette bataille, l'ennemi ne fut pas forcé, mais il fut contenu, et la nuit qui arrivait permit à l'empereur de se retirer tranquillement.

Les Prussiens furent tellement éblouis par ce dernier succès que, sans penser à s'informer de la position qu'occupait l'armée française, ils ne demandaient que le chemin de Paris et en portaient le nom écrit sur leurs bonnets (2).

Blücher se retira sur la route de Bar-sur-Aube.

(1) A. de Beauchamp, *Histoire de la Campagne de France.*

(2) Général de Vaudoncourt, *Histoire des Campagnes de 1814 et 1815.*

Avec une centaine de canons, toujours commandés par Drouot, notre petite armée le suivit, et on le cribla de boulets jusqu'au village de la Rothière, où allait se livrer un combat acharné et des plus sanglants.

Le 30 janvier, dès la pointe du jour, malgré un temps affreux, l'empereur est devant la Rothière. La terre est couverte de neige, elle ne cesse pas de tomber, et, par instant, les tourbillons sont si violents que le feu doit être suspendu, parce qu'il devient impossible de rien distinguer. Le bourg fut plusieurs fois pris et repris.

L'ardeur des troupes alliés était excitée jusqu'à l'enthousiasme par la présence de l'empereur de Russie, du roi de Prusse et du prince de Schwartzenberg. Placés entre Traunes et la Rothière, les souverains observaient et suivaient le progrès des attaques.

A un moment, Napoléon se mit en personne à la tête de sa cavalerie. Le combat durait encore à onze heures du soir.

Mais la constance et le nombre des coalisés devaient triompher de tous les obstacles. Que de sang il leur fallut répandre pour acheter chaque pouce de terrain! Ils durent emporter d'assaut chaque village, chaque hauteur, chaque buisson, et ils étaient cent soixante-dix mille contre trente-deux mille Français!

Napoléon apprenant la retraite de quelques-uns de ses généraux, dispose aussitôt tout pour se replier sur Troyes.

L'ennemi avait éprouvé tant de pertes qu'il ne s'élança guère à notre poursuite. Drouot fut chargé de soutenir l'arrière-garde, et, par son feu bien nourri, bien dirigé, il arrêta l'approche des escadrons alliés ; l'artillerie était cependant restée engagée toute la journée, et elle tira encore presque toute la nuit, soutenue par son chef intrépide.

Napoléon et son armée restèrent quelque temps à Troyes, attendant des nouvelles du congrès qui se tenait à Châtillon ; mais le jour était venu où la gloire même ne répare plus les fautes qu'elle couvre. La campagne de 1814, ce chef-d'œuvre continu d'habileté et d'héroïsme du chef comme des soldats, ne devait pas sauver le trône de l'illustre conquérant.

Ce fut alors que commença la *grande semaine*, comme on a nommé le dernier effort de l'empereur Napoléon et de son armée, contre la masse écrasante de leurs ennemis (1).

Surveillant toujours la marche des troupes alliées, Napoléon apprend que le prince de Schwartzenberg, pour accomplir un mouvement, a augmenté insensiblement la distance entre Blücher et lui. Frappé d'un de ces rayons lumineux qui, dans les beaux jours de sa gloire, avaient éclairé son génie militaire, Napoléon résolut, par une marche rapide et hardie, de tomber sur le flanc et sur les derrières de l'armée du maréchal Blücher, afin de la forcer à s'arrêter.

Dans cette partie de la Brie, le sol naturellement

(1) Guizot, *Mémoires pour servir à l'histoire de mon temps.*

marécageux se trouvait inondé par les pluies abondantes. On regardait généralement comme impossible d'y faire passer l'artillerie; cette circonstance avait inspiré une sorte de sécurité aux Prussiens et aux Russes, qui ne croyaient pas qu'on pût les inquiéter dans leurs marches; d'autant plus qu'ils savaient que l'armée de Napoléon opérait sur une autre ligne militaire.

Décidé au fond de son âme à ramener, par un coup audacieux, la fortune sous ses drapeaux, l'empereur expédie des courriers aux maréchaux qui commandent l'armée, afin que le lendemain (10 février) l'ennemi soit attaqué.

Un tel ordre surprit d'autant plus que les reconnaissances à cheval qu'on avait envoyées s'étaient abîmées et perdues dans ces routes défoncées. Les trains étaient comme ensevelis et engouffrés dans des routes marécageuses. « Il faut passer, dit Napoléon, dût-on y laisser des pièces. » On obéit; les soldats, excités par leurs chefs, et surtout par Drouot, traînent les canons et les poussent à bras.

Enfin l'armée, forte de trente mille combattants, arrive à Sézanne, ville dépourvue de magasins, qui offre à peine quelques abris. Là Napoléon se décida à prendre la route de Champeaubert.

En approchant du Petit-Morin, on s'embourba de plus en plus; heureusement le patriotisme des paysans vint au secours de nos courageux soldats, et grâce à leurs chevaux, à leurs bras et à la prévoyante activité du maire de Barbonne, les canons furent arrachés du milieu des fanges. Le 10, à la pointe du jour, Napoléon, conduisant lui-même ses troupes, arrive sur les hauteurs de Saint-Prix. On apercevait le corps russe en face, sur le plateau de Champeaubert. L'empereur ordonne au maréchal duc de Raguse d'attaquer le village de Baye. L'avant-garde se déploie aussitôt et présente une batterie de huit pièces; le village tombe entre nos mains. Nous nous déployons alors sur le plateau, d'où l'on aperçoit la route de Montmirail dont il fallait absolument nous emparer, pour empêcher que le corps de Sacken n'arrivât au secours de celui d'Olsouvieff, que nous attaquions. Il y avait près d'une lieue à parcourir pour atteindre ce point important; mais nos troupes, électrisées par l'espérance d'une éclatante victoire, s'élançèrent avec énergie. Les Russes, se voyant tournés, cherchent à fuir. Toutes les issues sont gardées; infanterie et cavalerie, affolées, s'enfuient pêle-mêle dans les bois, dans les marécages et dans l'étang (le Désert), où beaucoup se noient. Cependant ils avaient d'abord résisté avec énergie; mais ils durent céder enfin. Plus de deux mille hommes furent faits prisonniers; sur vingt-quatre canons, neuf restèrent au pouvoir des vainqueurs. Ce grand avantage n'avait coûté aux Français que trois à quatre cents hommes tués ou blessés, parmi lesquels figure le comte Lagrange, général de division, atteint légèrement à la tête.

Ainsi fut détruit un corps russe de six mille

hommes commandés par Olsouvieff, qui fut fait prisonnier avec son état-major (1).

Napoléon éprouva un profond mouvement de joie. Après avoir douté de tout, lui qui, pendant tant d'années, n'avait douté de rien, il recommença à croire à sa fortune. Il se faisait une telle illusion sur la gloire de ses armes et sur sa position, qu'en soupant à Champeaubert, dans une auberge de village en compagnie de ses maréchaux et de ses aides de camp, il s'écria dans un singulier élan de confiance : « Si demain je suis aussi heureux qu'aujourd'hui, dans quinze jours j'aurai ramené l'ennemi sur le Rhin, et du Rhin à la Vistule il n'y a qu'un pas ! »

Voyant que personne ne répondait et croyant apercevoir sur le visage des maréchaux qu'ils ne partageaient pas ses espérances : « Je le vois bien, Messieurs, ajouta-t-il, tout le monde se dégoûte de la guerre ; il n'y a plus d'enthousiasme, le feu sacré est éteint chez vous. »

Puis, s'étant levé de table, et allant droit au général Drouot, avec l'intention de lui faire un compliment qui serait en même temps un acte de reproche pour les maréchaux, il lui dit en lui frappant sur l'épaule : « N'est-il pas vrai, général, qu'il ne faudrait pour réussir que cent hommes comme vous ?

— Dites cent mille, Sire, » répondit Drouot avec autant de modestie que d'à-propos et d'esprit (2).

(1) Thiers, *le Consulat et l'Empire;* et A. de Beauchamp, *Histoire des Campagnes de 1814 et 1815.*

(2) J. Nollet, *Biographie du général Drouot.*

Après cet heureux succès de Champeaubert, Napoléon ambitionne de plus grands résultats, il fait passer dans l'âme de ses officiers et de ses soldats toute l'ardeur dont il est dévoré. Son plan est de tomber comme la foudre sur le corps de Sacken. De son côté, ce général, instruit du désastre de son arrière-garde, marche toute la nuit vers Montmirail, car il comprend que là se livrera une bataille dont l'issue sera d'une haute importance.

Le 11 février, l'armée russe engage l'action. Le village de Marchais est pris et repris trois fois; l'acharnement est égal des deux côtés. Le combat durait depuis plus de cinq heures, et les deux armées se trouvaient encore dans leur première position.

Mais bientôt les trains d'artillerie arrivent. Le combat devient horrible; les tirailleurs russes s'enfuient épouvantés; l'artillerie ennemie ne peut plus tirer; les lanciers, les dragons et les grenadiers de la garde se jettent au trot sur les derrières des masses de l'infanterie russe, qui, rompus, assaillis et tournés ainsi à l'improviste, se mettent en désordre.

En quelques instants on ramasse quatre à cinq mille prisonniers, trente bouches à feu. Le combat était si acharné que Français et coalisés entrèrent ensemble en combattant dans les rues.

L'ennemi avait détruit le pont sur la Marne, ce qui arrêta un moment la poursuite.

Il ne restait donc plus en face de Napoléon

que le troisième des corps composant l'armée de Silésie soit celui d'York ; il s'apprêta à le combattre. Ce corps fut aussi refoulé par notre glorieux combat de Château-Thierry.

Mais bientôt arrive à Napoléon la nouvelle fort grave que le seul corps qui lui reste à vaincre pour avoir frappé en détail toute l'armée de Silésie s'avances en forces contre lui : c'était le corps de Blücher, le plus redoutable, sinon par le nombre, au moins par l'énergie.

Le 14 février, Mormant attaque de front le village de Vauchamps qu'occupent les Prussiens. Blücher avait rallié ses colonnes et effectuait sa retraite en échiquier, profitant de tous les accidents de terrain. Napoléon ordonne au général Drouot de faire mettre en batterie toute l'artillerie de la garde ; ce qui est exécuté avec un succès prodigieux. Pendant deux heures, les masses ennemies, foudroyées par cinquante bouches à feu, ne peuvent en mettre plus de six en action. Dans cette position difficile, Drouot fit preuve d'une rare habileté. Grouchy l'aida à s'emparer de Vauchamps, il s'y établit. Mais l'empereur ne se contenta point de ce succès; il ordonna de poursuivre l'ennemi sans relâche. Le brave Drouot. qui avait déjà si glorieusement combattu, se mit en avant avec son artillerie, qui continua à tirer en courant. Depuis onze heures du matin jusqu'à trois heures de l'après-midi, on s'acharna à cette poursuite en couvrant l'ennemi de boulets et de mitraille.

Les quatre engagements avec l'armée de Silésie (Champeaubert, Montmirail, Château-Thierry et Vauchamps) avaient valu à Napoléon dix-huit mille prisonniers, qu'il envoya sur-le-champ à Paris afin de relever les courages abattus. Il n'y réussit qu'imparfaitement, car si Blücher était vaincu sur la Marne, le prince de Schwartzenberg remontait la Seine et s'approchait de la capitale où l'effroi était grand. L'avant-garde russe était à Provins; Cosaques, Baskirs et Kalmouks campaient donc dans cette ville, répandant l'effroi parmi les populations.

Napoléon reçut des dépêches qui lui annonçaient le danger de Paris. Bravant fatigues et privations, il courut vers le point que l'ennemi menaçait, toujours accompagné de sa garde qui, entraînée par Drouot, avait fait trente lieues en deux jours.

On coucha à Guignes, et le 17, de très grand matin, l'empereur était à cheval.

A peine était-on en marche sur Mormant, qu'on aperçut l'avant-garde du prince de Wittgenstein, commandée par le comte Pahlen. Notre cavalerie tourna le village par la gauche, et de nombreuses batteries, s'avançant, finirent par tout foudroyer; le feu était si nourri que les carrés ennemis furent enfoncés. Les vaincus prennent la fuite, poursuivis par les dragons. Les Russes, débandés, espéraient se réfugier à Nangis; mais, pour y arriver, ils devaient traverser un espace découvert. Drouot, débouchant de Mormant avec trente-six pièces de la garde, ouvre un feu terrible sur les ennemis, et détermine une déroute complète; cette affaire coûta aux Russes quatre mille hommes et onze pièces de canon.

Il fallait en toute hâte s'assurer le passage de la Seine et la franchir avant les ennemis. Napoléon, avec sa garde, se dirigea sur Montereau. A Valjouan, la division bavaroise nous barrait la grande route; ce fut alors que Drouot se distingua encore et culbuta l'ennemi à diverses reprises. Il y eut un moment où notre armée, succombant sous le nombre, commençait à faiblir. La victoire allait passer du côté des alliés, quand Drouot accourt et, par une admirable manœuvre, parvient à arrêter les progrès des ennemis; ses batteries habilement disposées, assurent le succès de nos armes. Le pont de Montereau, longtemps disputé, reste enfin en notre pouvoir, grâce encore au sage de la grande armée.

Le 7 mars, dès dix heures du matin, le signal d'attaquer Craonne est donné. Ney, électrisant ses jeunes soldats par son exemple et ses paroles, parvient à déloger l'infanterie de Sacken du plateau d'Heurtebise. Au centre, Napoléon, à la tête de la vieille garde, gravit le plateau, et envoie Drouot avec quatre batteries se déployer entre Ney et Victor. Nous sommes écrasés par la mitraille de l'ennemi, et malgré le sang-froid et l'habileté de Drouot, ses premiers canons sont démontés. Enfin quatre-vingts pièces lui arrivent et commencent bientôt à tirer sur les Russes; mais elles étaient servies par de jeunes canonniers peu expérimentés.

Drouot, sautant à bas de son cheval s'avance sous la mitraille, et, avec calme et sang-froid, montre à ces conscrits la manière de charger et de pointer. Ce dévouement sublime a bientôt sa récompense. Enthousiasmés par l'héroïsme de leur chef, nos jeunes canonniers font merveille. Notre infériorité cesse enfin, l'ennemi cède sous nos décharges répétées, et le plateau reste en notre pouvoir. Drouot avait vu tomber à ses côtés la plupart des braves artilleurs; il ordonne cependant la poursuite. L'abbaye de Vauclor est bientôt en feu; l'ennemi en est chassé, mais il nous faut traverser le défilé sous le feu de cinquante pièces de canon qui font d'affreux ravages dans nos rangs. Cependant nos colonnes sont suivies et soutenues par une nombreuse artillerie de la garde. Drouot la commande; il engage un feu terrible et parvient sous une grêle de boulets à franchir le premier le fameux passage. Alors s'engagea des deux côtés une canonnade effroyable. Drouot est partout; il se multiplie, encourageant ses soldats et pointant lui-même ses pièces; les alliés lui opposent sur tous les points une vigoureuse résistance. Ney et quelques autres parviennent enfin à rejoindre ce brave général; le feu des batteries françaises porte la mort dans les rangs ennemis et finit par démonter quatorze pièces de canon. Drouot place en flanc deux batteries de la garde qui, prenant d'écharpe les Russes, les forcent à reculer; ils se jettent sur Laon.

La retraite des coalisés fut lente, à cause des

escarpements du ravin, et la lutte devint plus sanglante encore. Mais les manœuvres de Drouot, habilement dirigées, montrent aux soldats que le sang de leurs frères a été noblement vengé. Tous les efforts de l'empereur restèrent vains devant la force de Laon, défendue par Blücher; nos troupes, inférieures en nombre, ne pouvaient protéger longtemps les villages qu'elles avaient conquis. La situation devenait périlleuse. Rentré triste et soucieux à Reims le 13 mars, Napoléon s'éloigna bientôt de cette ville pour porter encore un coup contre le prince de Schwartzenberg. Le 20 mars, à Arcis-sur-Aube, il rencontra l'armée de Bohême, qu'il croyait en retraite d'un autre côté. Il est bientôt enveloppé par les charges des cavaliers ennemis : le bataillon polonais, commandé par S'krzynecki, n'eut que le temps de se former en carré pour recueillir Napoléon et le soustraire à la cavalerie ennemie. Les Polonais, fiers du précieux dépôt confié à leurs baïonnettes, tinrent ferme sous une pluie d'obus et sous les charges répétées d'innombrables escadrons. Mais l'empereur sort bientôt du carré de ces braves, rallie ses cavaliers en fuite et les lance lui-même sur l'ennemi.

Drouot dispose ses pièces et ramène encore une fois la victoire sous nos drapeaux. Cependant, malgré ces brillants exploits, il fallut mettre l'Aube entre nous et nos ennemis. La bataille d'Arcis-sur-Aube est la dernière que Napoléon livra en personne dans cette campagne, où il fit avec son armée des prodiges d'énergie.

Le 23 mars, Drouot fut nommé grand-officier de la Légion d'honneur.

Quelque temps après eut lieu le combat de Fère-Champenoise, triste par le résultat, bien glorieux pour notre bravoure, car sept mille français opposèrent une héroïque résistance à quarante mille ennemis.

Mais nos implacables adversaires annonçaient dans leurs bulletins que l'armée française était détruite, anéantie, en déroute complète. Une de ces feuilles tomba entre les mains du maréchal Macdonald, qui le montra à l'empereur :

« Ce bulletin est faux, s'écria Napoléon, puisque nous sommes au 27 et qu'il est daté du 29.

— Pardon, Sire, répondit Drouot présent à cette conversation et qui jugeait tout avec sa pénétration et sa droiture naturelles, la nouvelle n'est que trop vraie, il n'y a là qu'une faute d'impression, le 9 est un 6 renversé. »

Nous ne voulons pas nous appesantir sur cette agonie, qui rappelle une autre invasion, hélas! peu éloignée, et dont tous nous avons conservé le souvenir. Paris capitula le 30 mars 1814 !

L'empereur devait succomber; la Providence semblait l'avoir décrété pour le punir de son insatiable ambition; et pour donner quelque repos à la France, épuisée par la perte de tant de sang.

---

# CHAPITRE XII

## Abdication. — Ile d'Elbe.

Le 11 avril, Napoléon signa son abdication à Fontainebleau. Ainsi tout était perdu ; mais l'heure du péril est l'heure des grandes âmes. Si l'empire eut été plus fort que ses fautes, nous eussions vu le général Drouot porter le bâton de maréchal, siéger au sénat et gouverner comme ministre le département de la guerre. C'était la pensée favorite de Napoléon pour le Fabricius moderne ; il lui disait quelquefois, avec une affreuse prévision : « Vous serez un jour mon ministre de la guerre. » Mais si haute qu'eût été cette fortune pour le fils d'un artisan, elle n'eût pas été sans exemple dans l'histoire.

La ruine de l'empire, en mettant le général Drouot aux prises avec le malheur, lui prépara une illustration peut-être plus grande et assurément plus rare. Il aimait l'empereur et l'empire avec une passion toute chevaleresque : l'empire, parce qu'il l'estimait le plus haut point de gloire où la France fût parvenue depuis Charlemagne ; l'empereur, parce qu'il avait vécu avec lui pendant deux années de souffrances et de revers, et qu'il avait senti le cœur de l'homme à travers l'éclat du prince et l'orgueil du conquérant. La chute de ces deux géants, l'empereur et l'empire, fut pour lui un coup dont nous ne pouvons nous faire aucune idée (1).

Après avoir comblé de richesses et de titres ses lieutenants, Napoléon se verrait-il trahi, abandonné par tous ? Non, tous ne l'abandonneront pas ! Quelques âmes d'élite seront encore près de lui pour le consoler dans ses malheurs, l'aider de leurs conseils, l'assurer de leur fidélité. Drouot s'est rapproché du grand homme, il se dévouera jusqu'au dernier jour.

Il y eut un dernier lever à Fontainebleau. L'empereur ne fut pas surpris d'y voir Drouot; car la veille, faisant quelques réflexions tristes à M. de Caulaincourt sur l'empressement de certains officiers à le quitter, il s'écria : « Mon brave Drouot est bien autre. Il n'est pas content, je le sens bien, non à cause de lui, mais de notre pauvre France. Il ne m'approuve point ; il reste cependant, moins par affection pour ma personne que par respect de lui-même.... Drouot... Drouot... c'est la vertu (2) ! »

(Dans cette appréciation Napoléon se trompait,

(1) P. Lacordaire, *Éloge funèbre du général Drouot.*

(2) Thiers, *le Consulat et l'Empire*, tome XVII, livre LIII.

car son fidèle serviteur avait pour lui une affection sans borne). La résolution de ce noble cœur était prise : il allait partager la fortune de l'exilé, et pourtant ce sacrifice était grand pour cet homme qui aimait sa patrie de toute son âme, et qui avait toujours caressé l'espérance de briser sa carrière, pour retourner à Nancy vivre comme le plus obscur des Lorrains. Il avait dû se livrer un bien dur combat entre le penchant de la nature et l'appel de la fidélité ; le combat n'était pas entre l'égoïsme et le dévouement, mais entre deux héroïsmes. La balance pencha du côté du malheur (1).

Dès le 11 avril, comme l'atteste sa lettre à son ami Evain (2), Drouot était déterminé à suivre son souverain.

Le 18 du même mois, il écrivait au ministre de la guerre :

« Fontainebleau, 18 avril 1814.

» Le général de division, comte Drouot, aide de camp de l'empereur,

» A Son Excellence le comte Dupont, ministre de la guerre.

» Monseigneur,

» La reconnaissance et mon attachement pour l'empereur m'ont déterminé à suivre sa Majesté dans l'île d'Elbe ; éloigné de ma patrie, je ne ces-

(1) P. Lacordaire, *Éloge funèbre du général Drouot.*

(2) Voir, à la fin du volume, la note XVII.

serai de faire des vœux pour son bonheur et pour sa gloire. Dans toutes les circonstances, elle me trouvera prête à me ranger parmi ses défenseurs et à verser tout mon sang pour elle.

» Je prie Votre Excellence d'être bien persuadée de mes sentiments et d'agréer mon adhésion au nouveau gouvernement.

» J'ai l'honneur, etc.

» Comte Drouot. »

Napoléon, touché de ce dévouement et voulant récompenser tant de fidélité, lui demanda à combien se montait sa fortune. « Deux mille cinq cents francs de rente environ, Sire, répondit-il.

— C'est trop peu, dit l'empereur. On ne sait pas ce qui peut m'arriver; je ne veux pas qu'après moi vous vous trouviez dans le besoin : je vais vous donner deux cent mille francs. »

Drouot refusa, et, voyant l'empereur peiné, il lui dit : « Si Votre Majesté me donnait de l'argent à l'heure qu'il est, on dirait que l'empereur Napoléon, dans l'adversité, n'a trouvé des amis qu'à prix d'or, et on dirait de moi que j'ai suivi Votre Majesté, parce que j'étais payé pour cela (1). »

Le comte Marchand, témoin de cet entretien, ajoute que le général Drouot le termina par ces paroles : « D'ailleurs, Sire, qu'ai-je besoin d'argent ? je vivrai avec vingt-quatre sous par jour (2). »

(1) P. Lacordaire, *Éloge funèbre du général Drouot.*

(2) Général Ambert, *Vie du général Drouot.*

Le 20, Napoléon quitta Fontainebleau; le général Drouot se trouvait dans la première voiture, ouvrant ainsi la marche.

Ce triste voyage s'accomplit assez bien jusqu'à Lyon, où les cris de « Vive l'empereur ! » se firent encore entendre : ce furent les derniers; car dans le Midi les populations menacèrent de faire un mauvais parti aux exilés.

Bertrand et Drouot coururent personnellement de grands dangers, surtout à Nice, où ils faillirent être mis en pièces par les habitants surexcités. Enfin les scènes de violence cessèrent; elles avaient résonné douloureusement dans le cœur du bon Drouot; ce fut là le plus triste souvenir de sa vie : il ne pouvait se rappeler ce martyre sans une grande émotion et les larmes aux yeux.

Napoléon trouva au golfe de Saint-Raphaël une frégate anglaise l'*Undaunted*, que le colonel Campdell avait fait préparer.

Le grand conquérant, le César détrôné, s'embarqua le 28 avril pour l'île d'Elbe, et jeta l'ancre le 3 mai dans la rade de Porto-Ferrajo. Le lendemain 4, il débarqua au milieu des cris d'une population qui était fière d'avoir pour souverain le monarque tombé du plus grand des trônes! Les habitants le conduisirent en pompe à l'église, où un *Te Deum* fut chanté.

Le 5 mai, Drouot écrivait à son ami Evain :

« Après une navigation de cinq jours, pendant laquelle j'ai horriblement souffert, je suis arrivé ici le 3. J'ai reçu l'ordre de prendre provisoirement le gouvernement de l'île; je ne l'ai accepté qu'à la condition de le quitter dans quinze jours, lorsque les troupes de la garde, venant de France, seront arrivées. J'ai renoncé entièrement aux grandeurs de ce monde; je veux consacrer à l'étude le temps de mon exil, et lorsque j'aurai le bonheur de rentrer dans ma patrie, ce sera pour goûter le repos et le bonheur intérieurs près de ma famille et de mes amis. »

La vie fut bientôt organisée dans ce modeste petit royaume. Drouot en fut nommé gouverneur, et, malgré son désir de déposer ce titre, il fut obligé de le garder par obéissance, Napoléon le lui imposant. Voici l'existence de ce brave général, telle qu'il l'a dépeinte lui-même à son frère d'armes Evain, dans une lettre qui porte la date du 2 septembre :

« Nous avons passé les grandes chaleurs, écrivait-il; les habitants disent n'en avoir pas éprouvé de semblables depuis plusieurs années. Je n'en ai point été incommodé; il y a longtemps que je n'ai passé un été aussi agréable. Je continue à mener la vie d'un anachorète; mais cette vie a pour moi les plus grands charmes, il est impossible d'être plus heureux. Je me lève de cinq à six heures, et jusqu'à neuf heures, je m'occupe uniquement des devoirs de gouverneur; à neuf heures, je déjeune.

» De dix heures à cinq heures après-midi, je m'occupe de l'étude des sciences; à cinq heures, je dîne.

» De six à huit heures, je me promène.

» A huit heures, je rentre chez moi, et jusqu'à neuf, je lis.

» A neuf heures, je me couche ; je lis dans mon lit jusqu'à dix.

» Tel est le train de vie que je mène tous les jours ; je n'ai jamais été plus heureux. Joignez à cela que je jouis de la meilleure santé, que je suis bien aimé de tous ceux qui ont avec moi des relations, et vous connaîtrez ma position aussi bien que moi. Cette félicité est augmentée les jours où j'ai le bonheur de recevoir des lettres du petit nombre des vrais amis que j'ai en France. »

Napoléon passait tout son temps avec Bertrand et Drouot, faisant des promenades tantôt à pied, tantôt en canot. Quelquefois il s'embarquait avec ses officiers dans une grande chaloupe à demi pontée et allait faire en mer des courses d'une et deux journées, reconnu et salué par toutes les marines. Un jour, dans une de ses longues promenades, il discutait les points obscurs de sa carrière avec assez de franchise, revenant fréquemment sur l'irréparable refus de la paix de Prague. C'était la seule faute qu'il avouât sans difficulté. « J'ai eu tort, disait-il ; mais qu'on se mette à ma place. J'avais gagné tant de victoires, et tout récemment encore, celle de Lutzen et de Bautzen, où j'avais rétabli ma puissance en deux journées ! Je comptais sur mes soldats et sur moi-même, et j'ai voulu jeter une dernière fois les dés en l'air. J'ai perdu, mais ceux qui me blâment n'ont jamais bu à la coupe enivrante de la fortune.... »

Drouot l'écoutait la tête baissée, n'osant lui dire qu'il est peu sage de jouer ainsi sa propre existence, mais qu'il est coupable de jouer celle de ses enfants, et criminel celle de la nation ! L'honnête homme se taisait, ne se pardonnant ce silence que parce que son maître était vaincu et proscrit (1).

Dans ses moments de loisir, généralement chaque soir après le dîner, l'empereur Napoléon rassemblait ses rares amis, et proposait quelques jeux destinés à empêcher les tristes pensées inspirées par la situation où l'on se trouvait. L'empereur n'aimait pas à perdre. On s'était même aperçu plus d'une fois qu'aux tables d'écarté ou de piquet, l'illustre guerrier, plutôt que de s'avouer vaincu, ne se faisait pas faute de tricher. Les grands hommes ont leurs petits défauts !...

Or, par un des beaux soirs du mois d'août, dans le jardin de sa résidence d'été, San-Martino, Napoléon, battu à plates coutures, les boules à la main, s'écria d'un ton quelque peu dépité : « Comment donc se fait-il, Drouot, qu'à ce jeu là je ne vous gagne jamais ?

Que voulez-vous, Sire, répliqua naïvement le général qui était la franchise même, c'est qu'à ce jeu là il n'y a pas moyen de tricher. (2). »

La vie à l'île d'Elbe était donc aussi douce

(1) Thiers, *le Consulat et l'Empire*, tome XIX.

(2) Eug. Muller, *Jeunesse des hommes célèbres.*

qu'elle pouvait l'être pour des braves éloignés de leur patrie; le cri : France! France! s'échappait souvent de leurs poitrines.

A la fin de 1814, Drouot, en sa qualité de gouverneur, dut présenter à l'empereur le budget de ses dépenses pour l'année suivante. Napoléon lui fit remarquer qu'il s'était oublié sur la liste des traitements, et lui en demanda la raison : « Sire, répondit Drouot, Votre Majesté me loge, elle me nourrit, elle me fait donner un cheval de son écurie lorsque j'ai l'honneur de l'accompagner dans ses promenades. Mes dépenses se réduisent donc à mon entretien, à un faible traitement pour mon secrétaire et aux gages d'un serviteur; mon revenu, qui est connu de Votre Majesté, est plus que suffisant pour répondre à ces besoins (1). »

Le budget lui ayant été rendu deux jours après, il s'y trouva porté pour une somme annuelle de six mille francs (2).

Le général Drouot touchait alors au moment le plus difficile de sa carrière. En suivant Napoléon dans l'exil, il avait cru n'accepter qu'un sacrifice, celui de vivre loin de sa patrie et hors de la retraite qu'il s'était de tout temps préparée dans son cœur. Il ne se doutait pas qu'il serait appelé à la terrible complicité d'un acte qui devait amener sur la France de nouveaux malheurs et de plus grands abaissements. Huit jours

(1) P. Lacordaire, *Éloge funèbre du général Drouot.*

(2) Dont on ne put toutefois rien lui faire accepter; d'après Thiers.

avant de quitter l'île d'Elbe, Napoléon s'ouvrit à son fidèle serviteur, en lui faisant entendre que la nation le rappelait, et qu'il rencontrerait de l'appui, même à l'étranger. Malgré ces assurances, Drouot éprouva un sentiment de consternation, et n'omit rien de ce qui pouvait fléchir l'homme inébranlable auquel il s'était dévoué. Tout fut inutile. Drouot, l'âme candide s'il en fut jamais, l'âme pour qui le devoir avait toujours été plus que la gloire et le bonheur, se trouva en proie à la plus douloureuse des perplexités. Rentrer en France, les armes à la main, comme un aventurier, si ce n'était comme un traître, appeler sur son pays une seconde invasion, sacrifier à l'intérêt d'un homme l'intérêt de trente millions d'hommes, c'était là l'un des côtés de la question ; mais, d'une autre part, abandonner l'empereur, son souverain, son ami, un héros malheureux, un homme seul contre l'Europe, l'abandonner au moment de l'entreprise la plus périlleuse; quand un coup de fusil peut-être allait lui faire un tombeau que vingt batailles et cent combats ne lui avaient pas fait : quelle lâcheté ! quel oubli des lois de l'honneur et de l'amitié ! Ce n'était pas à lui de juger les actes de son souverain, il devait obéir en soldat; c'était son devoir, le devoir de la reconnaissance et de la fidélité, qui est un des sentiments les plus généreux de notre nature, un de ceux à qui le raisonnement pardonne, même en le combattant. Figurez-vous que vous avez vécu dans l'amitié d'un prince, qu'il a dépouillé pour vous la plupart des rayons de sa majesté, que vous avez touché sa main, mangé à sa table, vu dans son cœur ; qu'il a été votre compagnon d'armes, et que, côte à côte avec lui, vous avez cheminé dans les hasards de la vie ; supposez qu'il ait conquis votre admiration par des qualités que la grandeur n'aura pas détruites en lui, et que, même par une exception du sort commun des rois, il ait appelé sur sa tête une couronne de gloire plus belle que la couronne de la naissance ; ajoutez qu'il soit devenu malheureux, que vous n'ayez plus rien à espérer de lui que des dangers, et qu'il réclame enfin votre foi comme le dernier asile de la fortune périe. C'était la position du général Drouot (1).

Il se soumit donc aux volontés de son maître, et se prêta aux préparatifs secrets de la prochaine expédition, qu'il ne pouvait s'empêcher de désapprouver. Sur les quais de Ferrajo, il disait à M. Lacour, ex-commissaire des guerres : « Je suis persuadé que nous faisons une grande faute en quittant l'île d'Elbe, et si l'on m'avait cru, nous y serions restés. » Et à M. Peyruse, payeur de l'île, il répétait encore : « Vous savez qu'il est question de départ ; j'ai fait tout ce que j'ai pu pour en détourner l'empereur, mais il n'a pas eu égard à mes observations. »

(1) P. Lacordaire, *Éloge funèbre du général Drouot.* — Nous insistons sur ce point délicat, afin de bien prouver que, dans cette grave occasion, Drouot n'a obéi qu'à la voix de l'honneur et du devoir.

Déjà dès le 16 février, voulant toujours être prêt, Napoléon avait ordonné de faire entrer le brick l'*Inconstant* dans la darse, pour le réparer et le peindre comme un bâtiment anglais (1).

Ce fut sur ce navire qu'il s'embarqua le 26 février 1815, à neuf heures du soir, pour regagner la France. L'exil de l'île d'Elbe avait duré dix mois !

Bertrand, Drouot, Cambronne et le lieutenant de vaisseau Taillade, pilote de l'expédition, étaient avec Bonaparte sur l'*Inconstant*. La nuit et la matinée se passèrent sans incident; la petite flottille (2) était favorisée par le vent. A midi, on aperçut une frégate et un vaisseau de ligne qui, poussés par un vent d'arrière, semblaient se diriger à toutes voiles sur les fugitifs. C'étaient là des périls qu'il fallait braver, en se fiant, pour le succès, à la fortune. On continua de naviguer, et, tout à coup, on se trouva à bord avec un brick de guerre français, le *Zéphyre*, commandé par le lieutenant Andrieux, bon officier, que la petite marine de l'île d'Elbe rencontrait souvent. On pouvait essayer d'enlever ce brick, mais Napoléon ne voulut pas courir sans nécessité la chance d'une pareille tentative. Il fit coucher ses grenadiers sur le pont; le pavillon de l'île d'Elbe, blanc, parsemé d'abeilles, flottait au vent. Le capitaine Taillade, qui connaissait le commandant Andrieux, reçut l'ordre de parlementer avec lui. Prenant son

(1) Thiers, *le Consulat et l'Empire*, tome XIX, livre LVII.

(2) Voir, à la fin du volume, la note XVIII.

porte-voix, il salua le commandant Andrieux et lui demanda où il allait :

« A Livourne, répondit celui-ci; et vous?

— A Gênes, reprit le capitaine Taillade; et il offrit de se charger des commissions du *Zéphyre*, ce que le commandant Andrieux n'accepta point, n'en ayant, disait-il, aucune pour ce port.

« Et comment se porte l'empereur? demande l'officier de la marine royale.

— Très bien, répondit le capitaine Taillade.

— Tant mieux, » ajouta le commandant Andrieux. Et il poursuivit son chemin, sans soupçonner l'importante rencontre qu'il venait de faire.

Joyeux d'être si heureusement délivré de ce péril, se voyant en pleine mer, Napoléon arbora la cocarde tricolore (1), et dit, en montrant le général Drouot sur le pont : « Si j'avais voulu croire le sage, je ne serais point parti. »

Le 1er mars, à trois heures, le brick de guerre *l'Inconstant*, qui portait le nouveau César et sa fortune, mouilla au golfe Jouan, près d'Antibes, et les soldats mirent pied à terre aux cris de : « Vive l'empereur! » Quelques paysans étaient accourus et considéraient avec une surprise mêlée d'émotion le spectacle qui les frappait.

Après être passé devant le front de ses grenadiers, accompagné de Drouot, Bertrand et Cambronne, Napoléon se tourna vers le colonel Jermanowski et lui demanda combien il y avait de chevaux. Il ne s'en trouva que quatre, appartenant aux écuries

(1) A. de Beauchamp, *Histoire des Campagnes de 1814 et 1815.*

impériales. Napoléon dit alors : « Partageons ces quatre chevaux. Il m'en faut un; vous prendrez le second, puisque vous commandez ma cavalerie. Les deux autres seront pour Drouot, Bertrand et Cambronne; ils s'arrangeront pour le mieux. »

On vit alors un singulier spectacle. Quatre hommes se dirigeaient du campement vers le village près duquel se trouvait la flottille. Trois d'entre eux portaient sur leurs têtes des selles de cavalerie, et les brides pendaient à leurs bras. Ces hommes étaient les généraux Bertrand, Drouot et Cambronne; le quatrième était Napoléon. Lorsqu'ils furent près des chevaux, Drouot et Bertrand refusèrent d'en prendre. L'un devint le partage de Cambronne, et le colonel Malet accepta l'autre.

Dans la matinée du lendemain, on acheta quelques chevaux de trait; car au départ les grenadiers s'étaient attelés aux pièces. Drouot prit le commandement de cette artillerie.

A onze heures, l'expédition se mit en route. Napoléon marchait en tête de la petite colonne. Au centre se trouvaient les trois pièces. Drouot marchait à pied près de son artillerie, un livre sous le bras. La colonne s'arrêta dans la ville de Grasse. Tous les habitants accoururent, et Napoléon fut bientôt entouré. Des vivres furent apportés, et quelques anciens soldats demandèrent à Napoléon la permission de le suivre.

On coucha à Cérénon le 2; le 3, à Barème; le 4, à Digne, et le 5, à Gap. Drouot était toujours à pied.

A Gap, la proclamation de l'empereur, datée du golfe Jouan, fut distribuée (1); plus une seconde (2).

L'irrésistible prestige de la présence de Napoléon avait agi sur le premier corps de troupes qu'il avait rencontré, et devait, par une prompte contagion, gagner tous ceux qui ne l'avaient pas encore aperçu, mais qui par leurs désirs s'élançaient au-devant de lui.

Le 6 mars, son débarquement était connu à Paris. Le télégraphe manœuvra toute la journée pour porter des ordres à toutes les divisions militaires. Le comte d'Artois, accompagné du duc d'Orléans et du maréchal Macdonald, se rendit en toute hâte à Lyon. Pendant ce temps, Napoléon arrivait à Grenoble à la tête du 7me régiment de ligne, qu'on avait envoyé pour le combattre.

Le reste de la garnison avait refusé de marcher contre l'empereur; les habitants de la ville avaient brisé leurs portes, et, les déposant aux pieds de Napoléon, lui avaient dit : *A défaut de clefs, voici les portes de Grenoble.* Ce fut dans cette ville que Napoléon reprit l'exercice du pouvoir impérial.

Trois jours après, il se présentait aux portes de Lyon. Les dispositions prises pour lui en défendre l'entrée furent inutiles. Dès que les troupes aperçurent les aigles, elles coururent au-devant de l'empereur, qui avait été leur idole, et le firent entrer en triomphe dans la ville.

(1) Voir, à la fin du volume, la note XIX.

(1) Voir, à la fin du volume, la note XX.

A Paris, le gouvernement préparait des moyens de défense. Mais toutes les troupes envoyées pour combattre le conquérant ne l'avaient pas plus tôt aperçu que détachements, bataillons, régiments s'arrêtaient, se retournaient; ils avaient changé de cocarde et rentraient dans son orbite; c'était une force d'attraction irrésistible, aveugle (1). Grâce à toutes ces désertions, son escorte grossissait toujours, et il arriva sans obstacle sous les murs de la capitale.

Ainsi Drouot, à qui il avait donné le commandement de son avant-garde, ne fut pas soumis à la cruelle épreuve d'avoir à faire feu sur des compatriotes. Napoléon ne dut pas brûler une amorce et fit la conquête de la France l'arme au bras. Le 20 mars, à neuf heures du soir, l'empereur reprenait tranquillement possession des Tuileries, que Louis XVIII, trahi de toutes parts, avait été contraint d'abandonner.

La prophétie était accomplie. « L'aigle impériale avait volé de clocher en clocher jusqu'aux tours de Notre-Dame. » Le dévoué bataillon de l'île d'Elbe avait accompli en vingt jours la prodigieuse marche de deux cent quarante lieues!

(1) Edgard Quinet, *Campagne de 1815*.

---

# CHAPITRE XIII

**Les Cent jours. — Waterloo. — Deuxième abdication.**

A Paris, l'empereur reprit aussitôt, sans obstacle, le rênes du gouvernement.

Les comtes Drouot et Bertrand furent maintenus dans leurs fonctions, l'un de major-général de la garde, l'autre de grand maréchal du palais. On avait pensé que l'empereur, pour consacrer leur fidélité, leur conférerait les titres de ducs de Porto-Ferrajo et de Porto-Lugone; il n'en fut rien.

Ils étaient bien récompensés, au surplus, par la vénération qu'ils inspiraient l'un et l'autre aux Français et aux étrangers (1).

Drouot sollicita seulement un court congé de trois jours pour aller jusqu'à Nancy embrasser sa digne mère, qu'il n'avait pas vue depuis longtemps. Ce fut un bonheur immense pour ce fils tendre et respectueux de se retrouver pendant quelques

(1) Fleury de Chaboulon, *Mémoires sur 1815*.

instants dans cet intérieur modeste, dont le souvenir lui était si sacré et si cher. Mais de grands et graves travaux l'appelaient à Paris, où il retourna sans retard.

Il est impossible de résumer dans ces pages tout ce que fit le général Drouot pendant les cent jours. Ne dormant que quelques heures, prenant ses repas debout, écrivant sans cesse, donnant des ordres, réorganisant la garde, créant l'artillerie, il accomplissait plus que le devoir.

Après la cérémonie du Champ de Mai, c'est-à-dire deux mois après le retour de l'île d'Elbe, l'empereur accorda à Drouot, comme récompense de ses loyaux et dévoués services, le titre de pair de France.

Mais la guerre recommençait à faire entendre ses appels. Le 14 juin 1815, en arrivant à son quartier-général d'Avesnes, Napoléon dit à ses soldats : « Le moment est arrivé de vaincre ou de périr. » La lutte qui s'engageait était donc des plus importantes.

Le 15, les hostilités commencèrent, le 16, la garde impériale est en réserve à la hauteur de Fleurus ; la canonnade se fait entendre sur tous les points. Napoléon, accompagné de sa vieille garde, marche sur Ligny, pendant que Ney doit attaquer et s'emparer de la fameuse position des Quatre-Bras.

Après un combat acharné et des plus sanglants, Ligny nous reste; la bataille est gagnée, bien gagnée ; malheureusement l'ennemi ne fut pas inquiété dans sa retraite. La triste journée du 18 juin se leva alors; la victoire, abandonnant la France, allait précipiter sur elle la masse de ses ennemis (1).

La nuit qui précéda cette effroyable lutte fut désolante, une pluie continuelle tomba par torrents. Le village de Waterloo était occupé par le duc de Wellington, par le prince d'Orange et par les principaux officiers de l'armée anglaise, sous le commandement du duc. Vers six heures du matin, l'armée anglo-hollandaise commença à prendre son ordre de bataille.

A la pointe du jour, l'armée française était prête au combat ; les fatigues, les insomnies d'une nuit passée sous une pluie torrentielle, sur une terre fangeuse étaient oubliées; on ne pensait qu'à la bataille décisive qui allait se livrer. A huit heures, Drouot accourait assurer à l'empereur que dans quatre ou cinq heures la terre serait assez raffermie pour supporter le poids de l'artillerie.

Napoléon monta à cheval, se porta sur les hauteurs de la Belle-Alliance et reconnut la ligne ennemie. Il dicta l'ordre de bataille, et l'armée se mit en marche sur onze colonnes; l'artillerie marchait sur le flanc des colonnes. « La terre, dit Napoléon, paraissait orgueilleuse de porter tant de braves. »

(1) Pour le détail de cette fameuse bataille, consulter les ouvrages dont nous nous sommes servi nous-mêmes : Colonel Charras, *Waterloo;* Général Gourgaud, *Campagne de 1815;* De Vaudoncourt, *Histoire des Campagnes de 1814 et 1815;* Colonel L. F. Janin, *Campagne de Waterloo;* A. de Beauchamp, *Campagnes de 1814 et 1815;* Edgad Quinet, *Campagne de 1815.*

Ce spectacle était magnifique, et l'ennemi, qui était placé de manière à apercevoir jusqu'au dernier homme, dut en être frappé.

A onze heures et demie, le premier coup de canon fut tiré. L'empereur s'établit à la ferme de la Belle-Alliance, d'où il dominait tout entier le bassin où allait se livrer sa dernière bataille. Il avait pris place sur un petit tertre, ayant ces cartes étalées sur une table, ses officiers autour de lui, ses chevaux sellés au pied du monticule.

Les deux armées attendaient immobiles. Aussitôt le signal donné, cent vingt bouches à feu y répondirent ; l'action s'engagea sanglante dès les commencements, et plusieurs fois la victoire sembla nous prodiguer ses faveurs et ses sourires.

Le but auquel Napoléon devait viser était de s'emparer de mont Saint-Jean, afin d'être maître des deux routes et d'empêcher ainsi l'armée anglaise de se retirer par la forêt de Soignes. Le fameux plateau de la Haie-Sainte fut l'objet de combats à jamais immortels. Si Ney, le brave des braves, et nos vaillants et héroïques soldats se couvrirent de gloire, nos ennemis aussi se montrèrent dignes de tels adversaires.

Le prince d'Orange, entraîné par son ardeur se vit, au milieu de l'action, entouré par la cavalerie française ; le septième bataillon belge vole à son secours et parvient à le dégager. Le prince prend la décoration de son ordre et la jette au milieu du bataillon. « Mes enfants, s'écrie-t-il, vous l'avez tous méritée. » Les Belges l'attachent à leur drapeau sur le champ de bataille.

Napoléon ne voit pas sans étonnement que les brèches faites par son artillerie, dans les escadrons anglais, sont réparées aussitôt, et les carrés d'infanterie rester fermes quoique entamés. On l'entendit répéter plusieurs fois : « Quelles braves troupes, comme elles travaillent! »

Drouot était partout, voyait tout; on eut dit qu'il semblait chercher la mort. Il fatigua ce jour-là seize chevaux. Napoléon répétait à chaque instant : « Où est Drouot? Faites venir Drouot. »

Ce cri était le signal d'une nouvelle course du général vers les points où les feux étaient les plus violents et l'action la plus vive.

Ney dit plusieurs fois au courageux aide de camp qui venait lui transmettre les ordres de l'empereur, que si on mettait quelques troupes à sa disposition, il allait remporter un triomphe éclatant et en finir avec l'armée britannique.

Tout le monde connaît les héroïques charges de cavalerie conduites par le vaillant maréchal. Notre ennemi, le duc de Wellington, disait plus tard, qu'il n'avait jamais rien vu de plus admirable à la guerre que ces charges des cuirassiers français dirigées par Ney.

Mais Dieu avait retiré sa main, et nos prodiges de bravoure et d'héroïsme ne devaient pas nous sauver.

A la fin de la journée, le combat est acharné, on sent que le désespoir est passé dans l'âme de tous et que l'on ne se bat plus pour la victoire.

Partout la garde rencontre un mur de fer et d'airain aussi terrible qu'impénétrable.

En proie aux ravages de la mousqueterie, écrasés par une artillerie foudroyante, ces intrépides guerriers essaient en vain de resserrer leurs rangs. Frappés de toutes parts, eux qui n'avaient jamais reculé devant l'ennemi, hésitent, chancèlent, sont prêts à se rompre.

Le général Friant est frappé d'une balle à côté du maréchal Ney, qui lui-même a son cheval tué sous lui ; renversé, il se relève, et on le voit alors l'épée à la main, au milieu du feu ; d'autres officiers, renversés comme lui, sont foulés aux pieds.

Témoin de cette scène de carnage, Napoléon s'élance à la tête de sa garde pour la ranimer ; mais Bertrand et Drouot se jettent à la tête de son cheval et s'écrient : « Sire, qu'allez-vous faire? Songez que le salut de la France et de l'armée est en vous seul ; tout est perdu s'il vous arrive malheur. »

Bientôt le canon se fait entendre sur nos côtés ; ce n'est point Grouchy comme on l'espère, mais Blücher à la tête de l'armée prussienne qui arrive au secours de ses alliés.

La déroute, la débandade deviennent affreuses. L'empereur veut se mettre à la tête des glorieux restes de sa garde ; mais le fidèle Drouot, qui ne le quitte pas, l'entraîne de nouveau en lui disant : « Ah! Sire, les ennemis sont déjà assez heureux ! »

Ce fut après la perte du village de Planchenoit que les derniers coups de canon de la France furent tirés. Drouot eut la gloire de les commander. Comme autrefois en Russie, il n'abandonna le combat que l'un des derniers, et quand tout espoir était perdu.

Arrachant alors l'empereur à cette scène de désolation, il le suivit dans la retraite et ne le quitta pas un seul moment.

Arrivé à Laon, Napoléon rédigea lui-même le récit de la bataille, et, après avoir particulièrement consulté l'homme de la justice et de la vérité, le bon Drouot (1), il arrêta le bulletin, qui fut expédié à Paris par courrier extraordinaire.

Ce coup de foudre produisit dans la capitale un trouble extrême, augmenté bientôt par le discours du maréchal Ney à la chambre des pairs. Ce maréchal, tout agité encore de la bataille de Waterloo où il avait déployé tant d'héroïsme, très agité des bruits qui circulaient et qui lui attribuaient des fautes graves, avait demandé la parole, et attirait fortement l'attention par son énergique figure, autant que par l'importance d'un récit émané de sa bouche. Il contesta les assertions du ministre de la guerre, affirma qu'il ne restait plus aucune ressource, que tout était perdu, que l'armée avait fait son devoir, que des fautes graves avaient amené un désastre irréparable, et qu'il ne restait plus qu'à traiter avec l'ennemi vainqueur.

D'après lui, tout était fini!

(1) Thiers, *Le Consulat et l'Empire,* tome XX, livre LXI.

Napoléon rentra, le 21 au matin, dans les cours de l'Elysée ; Drouot l'accompagnait et descendit de voiture après lui.

Il apprit bientôt l'imprudent discours du maréchal Ney, et, dans des formes graves et douces dont il ne s'écartait jamais, il lui reprocha ses assertions, et lui annonça qu'il les rectifierait. En effet, il court au Luxembourg, se présente à la tribune le 23 juin, et quoique l'empereur ait abdiqué la veille (1), il cherche à ranimer l'espoir de la patrie découragée, en exposant à la chambre toutes les ressources qui restaient à la France pour repousser un second envahissement de l'étranger.

Ce célèbre discours (2) produisit en France une émotion sans pareille ; il se terminait ainsi :

« Cette dernière catastrophe ne doit pas décourager une nation grande et forte comme la nôtre ; si nous déployons dans cette circonstance critique toute l'énergie nécessaire, ce dernier malheur ne fera que relever notre gloire....

» Après la bataille de Cannes, le sénat romain vota des remerciements au général vaincu, parce qu'il n'avait pas désespéré du salut de la république. Dans une circonstance infiniment moins critique, les représentants de la nation se laisseront-ils abattre, et oublieront-ils les dangers de la patrie pour s'occuper de discussions intempestives ?... »

(1) Voir, à la fin du volume, la note XXI.

(2) Voir, à la fin du volume, la note XXII.

Sa voix se perdit dans le trouble et le découragement universels, la France devait revoir l'ennemi !

Le général Drouot avait été nommé membre de la commission chargée d'examiner la question de l'abdication et la déclaration de Napoléon au peuple français (1).

Le 24 juin, Drouot reçut du gouvernement provisoire le commandement de la garde impériale, qui venait d'arriver sous les murs de Paris, espérant que mieux que personne, par l'ascendant de son caractère, il y maintiendrait la discipline et l'obéissance.

Cependant le général eut la pensée de refuser cette importante mission, car il voulait accompagner l'empereur à Sainte-Hélène partager sa captivité. Il était entraîné, d'un côté, par la reconnaissance ; d'un autre côté, il ne pouvait être sourd à l'appel de la France. Indécis, tourmenté, profondément affligé, Drouot se décide a servir son pays et à rejoindre ensuite son bienfaiteur à Sainte-Hélène.

On retrouva plus tard, dans ses papiers, cette note qui atteste ses hésitations, et en même temps la grandeur et la noblesse de cette belle âme.

« Je regardai comme le premier de mes devoirs, dans ces graves circonstances, de me dévouer entièrement à ma patrie et de ne reculer devant aucun sacrifice personnel pour contribuer à son

(1) La commission était composée de MM. Boissy-d'Anglas, Drouot, Dejean, Andreossy et Thibaudeau.

salut. Ce devoir me paraissait d'autant plus impérieux que j'avais moi-même prit part aux événements qui avaient amené notre malheureuse situation. En conséquence, après avoir consulté l'empereur, qui applaudit à ma résolution, j'ai accepté le commandement qui m'était donné par le gouvernement, et je suis séparé momentanément de mon bienfaiteur avec l'intention et l'espoir de le rejoindre aussitôt que la France serait sauvée. »

Le moment était critique : soixante-dix mille hommes de l'armée française s'étaient ralliés entre Paris et Laon ; d'autres troupes s'avançaient pour les soutenir, une partie de la garde était devant Paris même ; la capitale contenait cinq cents pièces de canon de campagne. Il ne s'agissait plus des destinées d'un homme, mais de l'honneur national. La pensée de voir encore une fois, après une seule bataille, l'étranger maître de Paris, agitait jusqu'au fond le cœur du soldat. Il ne fallait qu'une heure et qu'un hasard pour qu'un mouvement militaire éclatât, et que personne ne fût plus maître de gouverner les événements. Le général Drouot comprit tout le péril. Un mouvement national sans doute eût repoussé l'étranger ; il l'avait dit lui-même à la tribune en invoquant l'exemple de Rome après la défaite de Cannes ; mais ce mouvement national n'existait pas, et nul n'était capable de le créer. Le commandant de la garde impériale n'avait donc qu'un devoir à remplir, qui était de maintenir l'ordre, de calmer les esprits, de leur inspirer la résignation aux volontés du Ciel, manifestées par des événements plus forts que tout le courage des hommes et que tout leur dévouement. Il y réussit. Le soldat reconnut et respecta la voix de l'homme qui, après avoir aimé Napoléon jusqu'à l'exil et ne l'avoir pas quitté un seul jour depuis 1813, avait lui-même entendu la voix de la patrie lui demandant le sacrifice d'une fidélité qui ne pouvait alors que la desservir (1).

La garde se soumit docilement.

Mais la résistance était désormais impossible; des négociateurs furent nommés (2).

L'un d'eux consulta Drouot, le meilleur des hommes de ce temps, et le courageux général lui répondit qu'il était cruel de ne pas pouvoir mourir en soldat; mais qu'en citoyen il devait reconnaître que le plus sage était de traiter. Ces paroles de l'homme de bien consolèrent un peu les trois négociateurs d'avoir accepté une si douloureuse mission.

Paris capitula, et, en vertu de la convention qui fut signée, l'armée française eut trois jours pour évacuer Paris, et huit pour se retirer derrière la Loire.

L'irritation de nos soldats fut grande et profonde quand ils surent qu'ils devaient quitter la capitale sans combattre. Le sévère Davoust, ministre de la guerre, fit entendre la voix du devoir à l'armée irritée, et, aidé de quelques généraux,

(1) P. Lacordaire, *Éloge funèbre du général Drouot.*

(2) Ces négociateurs étaient MM. Bignon, Guilleminot, de Bondy.

surtout du respectable et toujours respecté Drouot, il parvint à se faire écouter. L'armée, après un premier moment de désespoir, se mit à défiler à travers les rues de la capitale qu'elle avait la douleur de livrer aux mains de l'ennemi ; la retraite s'opéra en bon ordre.

Drouot rallia les troupes, apaisa les têtes exaltées, et sut les contenir et les amener sur les bords de la Loire. L'armée tout entière suivit cet exemple, et cette soumission, due en grande partie aux conseils de ce général, préserva la France des plus grands malheurs.

Drouot, à la tête de plus de quinze mille hommes, arriva sur la Loire, où il prit, sous les yeux de tous, la cocarde blanche ; le premier, il signa l'acte de soumission au roi.

« Il est peu d'instants où il nous ait paru plus digne de ce nom de *sage* que Napoléon lui avait donné. Il montra sous une nouvelle face ce discernement et ce courage du devoir qui, en arrachant à l'homme le sacrifice de ses instincts les plus spécieux, l'élèvent à toute la gloire de l'homme de bien (1). »

(1) P. Lacordaire, *Éloge funèbre du général Drouot.*

# CHAPITRE XIV

**Son procès. — Sa retraite à Nancy.**

Drouot était encore à la tête de la garde lorsqu'il connut une ordonnance du roi, dans laquelle il était proscrit, avec d'autres, comme coupable de haute trahison.

Ses amis lui conseillaient de se réfugier à l'étranger; pendant quelques instants, ils l'en supplièrent; mais il résista et fit cette noble réponse : « Non, *je ne pourrais pas dormir sur l'oreiller d'un exilé;* si je dois être jugé, je me présenterai à mes juges. *La Providence est grande.* »

C'était son axiome favori.

Le 3 août, il arrive à Paris et se rend à la prison de l'Abbaye, qui est la prison militaire de la capitale; mais on lui en refuse l'entrée, ce qui lui faisait dire plus tard avec une grâce parfaite : « Je n'ai sollicité que deux places dans ma vie, lesquelles m'ont été refusées toutes deux : l'une chez les Frères des Écoles chrétiennes, étant tout enfant, et l'autre à la prison de l'Abbaye (1). »

Enfin, après plusieurs démarches, le 14 août, les portes de l'Abbaye s'ouvrirent pour lui.

Au mois de juillet, l'empereur déchu s'éloignait de France, et le 8 août, il quittait les côtes d'Angleterre, monté sur le *Northumberland*, pour faire voile vers Sainte-Hélène. Il éprouvait un véritable chagrin d'être séparé de Drouot, qu'il honorait d'une estime particulière : « Drouot reste en France, disait-il; je vois que le ministre de la guerre veut le conserver à son pays. Je ne peux pas m'en plaindre, mais c'est une grande perte pour moi; c'est la tête la plus forte et le cœur le plus droit que j'aie rencontrés; cet homme est fait pour être premier ministre partout (2). »

Drouot continua dans sa prison sa vie studieuse ordinaire. Pendant son séjour à l'Abbaye, il n'interrompit pas un seul jour l'habitude qu'il avait de lire et d'étudier. Une foule de personnes se présentèrent pour le voir; il les pria de renoncer à leurs visites, et décida qu'il ne recevrait personne passé l'heure de midi; à partir de ce moment, il n'était plus accessible que pour les prisonniers d'État, ses compagnons d'infortune, dont il était devenu le conseil et le consolateur (3).

L'instruction de son procès fut longue. Il demanda plusieurs fois la grâce d'être enfin jugé. Il

(1) P. Lacordaire, *Éloge funèbre du général Drouot.*

(2) *Mémoires du comte Lavalette,* tome II.

(3) *Notice historique* placée en tête du procès du général Drouot.

ne l'obtint qu'après une attente et une captivité de huit mois, le 6 avril 1816.

Ce procès extraordinaire avait attiré un grand nombre de curieux dans la salle. Un puissant intérêt accompagna cet homme de bien devant le premier conseil de guerre, qui allait prononcer sur son sort. Le général avait choisi, pour son défenseur, Me Girod (de l'Ain). Voici la composition du tribunal : Président : le général comte d'Anthouard ; juges : MM. les lieutenants-généraux baron Rogniat et baron Taviel, le colonel marquis de Marcillac ; le chef d'escadron vicomte de Pons, le comte Louis de Vergennes et Dutuis, capitaines d'infanterie ; le capitaine Bérand de Ressius, procureur du roi ; le chef de bataillon Delon, rapporteur, et M. Boudin, greffier.

Drouot n'avait appelé qu'un seul témoin, le maréchal Macdonald, duc de Tarente ; mais une foule de témoins à décharge se présentèrent spontanément. Ayant eu connaissance du procès de l'illustre général, ils avaient cru de leur devoir de rendre par leurs dépositions un éclatant hommage au sage et vertueux serviteur de l'empereur.

La déposition du duc de Tarente (1) fut un éloge admirable de la conduite de Drouot et des services qu'il avait rendus. Après ce témoignage si glorieux pour le modeste général, son émotion fut si grande qu'il ne put parler ; il dut recourir à la plume, et voici ce que lut son défenseur,

(1) Voir, à la fin du volume, la note XXIII.

Me Girod de l'Ain : « Je ne sais comment exprimer toute la reconnaissance que j'éprouve pour la déposition que Monsieur le Maréchal vient de faire en ma faveur. Tous mes vœux sont exaucés, puisque je possède l'estime du plus loyal des guerriers de France. »

M. le rapporteur lut ensuite les divers interrogatoires qu'il avait fait subir au général (1). Et M. Delon demanda lui-même l'acquittement.

Drouot établit toute sa défense sur ce point, que l'empereur Napoléon était souverain véritable de l'île d'Elbe, sans aucune restriction des droits de la souveraineté, qu'il lui avait juré fidélité comme à un souverain reconnu de toutes les puissances de l'Europe et sur la foi d'un traité qui permettait à quatre cents Français d'unir leur sort au sien. Il était un de ces Français. Quoi de plus sacré? Avait-on voulu tendre un piège à ces soldats qui adoptaient le malheur et la patrie de leur empereur tombé? Avaient-ils pu être à la fois les serviteurs de deux princes et deux pays? être liés par deux devoirs contraires, soumis à deux serments qui se combattaient? Lui, Drouot, n'en avait prêté qu'un. Il l'avait prêté à l'empereur Napoléon, son ancien, son nouveau, son unique souverain. En vertu de ce serment, il devait l'obéissance du sujet et du soldat; on l'avait réclamée de lui, il l'avait rendue en sujet fidèle, en soldat dévoué.

Cette défense, si simple et si généreuse qu'elle

(1) Voir, à la fin du volume, la note XXIV.

fût, avait pourtant quelque chose d'inouï. Une raison froide et impartiale pouvait y rechercher des défauts; les passions politiques le pouvaient bien davantage encore. Mais la vie de Drouot s'était assise avec lui au siège de l'accusé; il prouvait son innocence bien moins par le raisonnement que par l'impossibilité où l'on était de le croire coupable. L'esprit résistait peut-être; l'âme était persuadée que le général Drouot ne s'était pas trompé sur une question de devoir et d'honneur. Une émotion visible gagna les juges et l'assemblée lorsqu'à la fin d'un discours, simple et ferme comme son cœur, l'accusé prononça ces paroles : « Telle a été ma conduite dans les dernières circonstances; je n'ai été guidé que par l'honneur et les obligations qui m'étaient imposées. Tant que la reconnaissance, la fidélité aux serments, l'obéissance et l'attachement au souverain seront des vertus parmi les hommes, ma conduite sera justifiée aux yeux des gens de bien. Quelques-uns trouveront peut-être que j'ai mal apprécié ma position, que je me suis exagéré les obligations qu'elle m'imposait; mais j'ai suivi la ligne que j'ai cru tracée par l'honneur, et je serais coupable si je m'en étais écarté. Quoique je fasse le plus grand cas de l'opinion des hommes, je tiens encore davantage au témoignage de ma conscience, et mourir plutôt mille fois que de résister à ses impulsions.

» J'attends, Messieurs, avec une respectueuse confiance le jugement que vous allez prononcer.

Si vous croyez que mon sang soit nécessaire pour assurer la tranquillité de la France, mes derniers moments auront encore été utiles à mon pays. (1). »

Après la brillante plaidoirie de Me Girod de l'Ain, le conseil entra dans la salle des délibérations, et, après six heures, le jugement fut rendu. Drouot était acquitté à la majorité suffisante de quatre voix contre trois !

Avant le prononcé du jugement, le général avait dû être reconduit dans sa prison.

Son défenseur courut à l'Abbaye avec un empressement facile à comprendre; il trouva Drouot endormi. N'ayant rien voulu changer à ses habitudes, accoutumé à se coucher à huit heures, il il était déjà plongé dans un profond sommeil; sans inquiétude comme sans insensibilité, il attendait son sort au milieu de ce stoïque repos.

En apprenant cette heureuse nouvelle, il embrassa Me Girod, le remercia avec effusion, et le pria d'aller tranquilliser ses amis.

Resté seul, son cœur s'éleva avec amour et reconnaissance vers le Dieu bon et juste qui l'avait protégé tant de fois et qui venait encore de le tirer du péril.

Le lendemain, 7 avril 1816, il quittait l'Abbaye, son ermitage, comme il aimait à l'appeler, emportant les regrets des autres prisonniers d'État, pour lesquels il était un appui et un guide.

Le soir de ce même jour, Drouot fut appelé aux

(1) P. Lacordaire, *Éloge funèbre du général Drouot.*

Tuileries. Le roi Louis XVIII le reçut avec bonté, lui parla de l'attachement qu'il avait montré pour Napoléon, loua la reconnaissance comme étant la religion des grandes âmes, et ajouta qu'il comptait désormais sur sa fidélité. Le proscrit de la veille s'inclina respectueusement. Le roi, en le congédiant, lui dit que des ordres étaient donnés pour qu'il n'y eût point d'appel de la sentence du conseil de guerre, et que, dès ce moment, il était libre.

Drouot traversa avec émotion les appartements des Tuileries, qu'il ne devait plus revoir ; il descendit cet escalier par où il avait vu monter tant de ces grandeurs, fils d'un temps qui n'était plus, il prit sans regret, et pour toujours, le chemin de la solitude et de l'obcurité (1), le cœur rempli de reconnaissance pour la bonté du roi.

Ce fut alors qu'il pensa à réaliser son plus grand désir, souvent exprimé autrefois à l'empereur par ces paroles : « Sire, je ne désire qu'une chose, c'est de me retirer dans ma ville natale et d'habiter sur la paroisse où j'ai été baptisé. » Car parmi tant de grâces que le Ciel lui avait accordées, Drouot estimait par-dessus tout celle du baptême, par laquelle il avait été fait enfant de Dieu et de l'Église. La reconnaissance qu'il avait pour ce bienfait lui faisait particulièrement affectionner le lieu où il avait reçu cette naissance divine.

Drouot n'avait encore que quarante-deux ans quand il prit sa retraite ; mais les fatigues de la

(1) P. Lacordaire, *Éloge funèbre du général Drouot.*

guerre et la faiblesse naturelle de sa constitution lui faisaient pressentir de précoces infirmités. Il comptait vingt-deux années de service effectif, la plupart doublées par de rudes campagnes ; elles lui avaient bien mérité le repos qu'il ambitionnait et la douceur de passer le reste de sa vie dans la culture des lettres et la pratique des œuvres de religion et de miséricorde.

Ce fut donc avec un grand bonheur qu'il se retrouva à Nancy, au milieu de sa famille et de ses amis.

Sa bonne mère vivait encore ; mais, hélas ! accablée d'infirmités, elle ne pouvait presque plus bouger. Drouot commença aussitôt sa vie calme et modeste, dans laquelle ses vertus allaient apparaître plus grandes et plus belles. « L'histoire ne compte qu'un très petit nombre d'hommes qui aient passé de la vie publique à la vie privée en conservant, avec la tranquille possession d'eux-mêmes, la plénitude de leur grandeur. La plupart se consument dans un ennui vulgaire ; d'autres demandent aux passions des sens l'oubli d'eux-mêmes et de leur dignité ; les plus élevés succombent au poison mystérieux du chagrin. A regarder les vicissitudes qui avaient enlevé le jeune Drouot de la boutique de son père pour le porter au pied d'un trône et aux côtés d'un conquérant, il semble que nul plus que lui n'aurait dû éprouver, dans l'affaissement subit de sa destinée, le désespoir des souvenirs et l'impuissance de vivre avec soi. Qui avait vu davantage et plus vite ? Qui avait passé, en moins de temps, par plus de contrastes et d'émotions ? Il est vrai ; mais cette âme était plus grande encore que les événements dont la Providence lui avait donné le spectacle ; elle revenait fortifiée, et non pas abattue, donner elle-même au monde un spectacle capable de l'instruire et de le consoler (1).

Habitué au travail, il s'occupa d'architecture, d'agriculture, mais surtout de construction et de fortifications, avec autant d'ardeur et de persévérance que s'il eût été forcé de se créer une position. Drouot composa une quantité de mémoires sur la défense des frontières de France ; il allait voir par lui-même les pays, afin d'en bien connaître les côtés faibles et les côtés forts ; et ne s'arrachait au travail que pour rendre service.

A la fin de juin 1816, Napoléon apprit avec bonheur l'acquittement de Drouot ; le docteur O'Méara, qui lui donna cette nouvelle, s'exprime ainsi : « Je lui dit que Drouot avait été acquitté, il me parut très satisfait. L'Empereur parla dans les termes les plus flatteurs des talents et des vertus du général, et observa que, d'après les lois françaises, Drouot ne pouvait être puni pour sa conduite. »

Voici l'opinion de ce grand homme sur son serviteur (2) :

« L'empereur élevait au plus haut point les talents et les facultés du général Drouot. Il avait,

(1) P. Lacordaire, *Oraison funèbre du général Drouot.*

(2) Tiré de Damas Hinard, *Opinion et jugements de Napoléon.*

disait-il, des raisons suffisantes pour le supposer supérieur à un grand nombre de ses maréchaux, et n'hésitait pas à le croire capable de commander cent mille hommes. Et peut-être, ajoutait-il, ne s'en doute-t-il pas lui-même ; ce qui ne serait en lui qu'une qualité de plus. » (*Mémorial*).

« Drouot est un homme qui vivrait aussi satisfait, pour ce qui le concerne personnellement, avec quarante sous par jour qu'avec les revenus d'un souverain. Plein de charité et de religion, sa morale, sa probité et sa simplicité lui eussent fait honneur dans les plus beaux jours de la république romaine. » (O'MÉARA).

« Il n'existait pas deux officiers dans le monde pareils à Murat pour la cavalerie et à Drouot pour l'artillerie. » (O'MÉARA).

« Drouot est un des hommes les plus vertueux que je connaisse. » (*Mémorial*).

Esprit vaste et profond, le général Drouot se livra aux études historiques. Il écrivit des mémoires sur les guerres de la république et de l'empire. Ne voulant rien avancer sans en être certain, il se rendait sur les champs de bataille, recherchait les renseignements, et voulait surtout retracer tous les faits sous leur jour véritable.

Le 6 février, Drouot fut nommé membre titulaire de la Société royale des sciences, lettres et arts de Nancy. Il s'illustra surtout dans cette Société par son remarquable discours sur les légions polonaises (1). Il fut nommé président d'une

(1) Voir, à la fin du volume, la note XXV.

commission chargée de formuler son opinion sur la révision de la législation concernant les brevets d'invention (1).

Cette année 1817 fut marquée pour lui par un douloureux événement : sa bonne mère s'éteignit doucement et saintement comme elle avait vécu, le 7 mai 1817. Ce fut encore une dure épreuve pour l'âme affectueuse et tendre du vieux guerrier.

Dans le mois de septembre 1820, le gouvernement de Louis XVIII, par l'organe de son ministre de la guerre, fit offrir à Drouot le traitement de lieutenant général en disponibilité (demi-solde); mais celui-ci ne crut pas devoir accepter cette offre, conservant toujours l'espoir de rejoindre l'empereur : l'indépendance lui était nécessaire pour son grand voyage à Sainte-Hélène. Il pria seulement un de ses amis au ministère de la guerre, M. Evain, de lui faire liquider sa pension de retraite.

La détermination de Drouot fut transmise au roi, qui apprit en même temps que ce grand cœur sollicitait sa retraite parce qu'il vivait dans la gêne.

Le bon Louis XVIII fut ému de cette situation, et ordonna qu'un rappel fût fait au général pour les cinq années qui venaient de s'écouler, ce qui faisait une somme de soixante mille francs.

Le général Drouot, ayant appris cette décision royale, répondit immédiatement qu'il ne croyait

(1) Cette commission était composée de six membres : Président : M. Drouot; membres : MM. de Caumont, Jaquiné, Mallarmé, Mengin et Soulacroix.

avoir aucun droit à ce rappel de traitement, attendu qu'il n'avait rendu aucun service à l'État, et qu'il avait cessé d'être porté sur les contrôles de l'armée; sa reconnaissance était profonde pour les bontés du roi, mais il suppliait Sa Majesté de le dispenser d'accepter ce rappel de traitement; il ne demandait que la liquidation de sa pension de retraite, et du jour seulement où il en avait fait la demande, ajoutant : « La France n'est pas encore assez heureuse pour qu'un soldat lui prenne soixante mille francs. »

Le ministre de la guerre montra cette lettre à Louis XVIII, qui fut tellement surpris de ce désintéressement, si rare surtout à l'époque où nous vivons, qu'il dit au général de Latour-Maubourg : « J'admire un si beau désintéressement, qui ne fait qu'ajouter à la profonde estime que j'ai pour le général Drouot; je ne trouverais pas le pareil dans mon royaume (1). »

Les formalités administratives et les lenteurs bureaucratiques mirent un tel retard, que, malgré la volonté du roi, la pension de retraite de Drouot ne fut liquidée que par ordonnance du 16 juillet 1824. Elle fut portée au chiffre de cinq mille quatre cent soixante-quinze francs, et payable du jour où parut l'ordonnance (2).

Nous retrouvons dans les papiers de Drouot les lignes suivantes, se rapportant à l'affaire de ce traitement :

(1) J. Nollet, *Vie du général Drouot.*

(2) Général Ambert, *Vie du général Drouot.*

« Je n'ai point accepté la demi-solde ni le traitement de disponibilité qui me furent offerts sous la Restauration. Mon refus a été dicté par la crainte de me voir rappelé à l'activité et de me trouver dans la nécessité de rentrer dans les emplois et les honneurs, lorsque mon bienfaiteur gémissait dans les fers sur un rocher de l'Atlantique. »

Drouot menait à Nancy une vie fort retirée, toute d'étude et de charité ; il fréquentait fort peu les salons, ne fuyant pas cependant la société : il était économe de son temps. Son grand désir était toujours d'aller rejoindre Napoléon à Sainte-Hélène. La permission venait enfin de lui en être donnée; tout joyeux il faisait ses préparatifs, quand la mort du grand homme (5 mai 1821) vint arrêter l'exécution de ce départ si désiré. En apprenant cette mort, le dévoué général tomba dans un anéantissement qui dura plusieurs heures, ne pouvant prononcer aucune parole. Heureux les princes déchus qui conservent de pareils amis!

Voici, du reste, le récit exact du capitaine Collin (1), vieux guerrier de l'empire, avec lequel Drouot avait l'habitude de faire, chaque matin, une promenade à cheval :

« Un jour, le général me fait demander de partir plus tôt que d'habitude; c'était en juin. Nous gagnâmes rapidement un petit bois qui couronne Dommartemont; alors, s'arrêtant :

« Eh bien! mon vieux camarade, me dit-il, il y

(1) *Moniteur de l'armée* du 10 avril 1847.

a quatre jours, vous le savez, mes passeports étaient enfin arrivés... encore une semaine, et j'étais en route pour Sainte-Hélène; mais il est mort, et je n'ai pu le revoir!... » Et le visage inondé de larmes, Drouot ajouta : « J'avais tant besoin de pleurer!... »

» Je ne pouvais le consoler, moi, qui étouffais, car mes larmes ne coulaient pas.

» Après avoir mis pied à terre, Drouot erra pendant quatre heures dans les montagnes, en répétant ces seuls mots : « L'empereur est mort, et je n'ai pu le revoir!... » Ce qui lui faisait dire : « Les événements ont confondu mes plus chères espérances. Je n'ai eu ni la consolation d'adoucir la captivité de l'empereur, ni le bonheur de mourir en combattant pour la délivrance de mon pays (1). »

Napoléon s'était souvenu de son aide de camp, de son compagnon de l'île d'Elbe. Par son testament (à Longwood, 15 avril 1821), il lui donnait cent mille francs. Sentant sa fin approcher, le 24 avril, dictant ses dernières volontés, il disait : « Nous nommons le comte Las-Cases, et à son défaut son fils, et à son défaut le général Drouot, trésorier. »

Dans un autre codicille, Napoléon donnait cent mille francs au général Drouot. Par suite de la réduction des legs, il n'eut que soixante mille francs.

En 1823, le duc d'Orléans, qui devait régner plus tard sous le nom de Louis-Philippe, désirait

(1) *Notice du général Drouot,* écrite par lui-même.

que l'éducation de ses fils fût faite par *le sage de la grande armée*. Un motif impérieux aida sa modestie à décliner cet honneur ; « Dans l'intérêt politique du duc d'Orléans, disait-il, un ancien aide de camp de l'empereur, un soldat de l'île d'Elbe, ne pouvait pas accepter cette honorable mission, pour laquelle je n'ai sûrement pas toutes les qualités nécessaires. »

Inutilement ce prince, espérant vaincre sa résistance, se rendit en personne au modeste hôtel où Drouot était descendu, dans un voyage à Paris qu'il dut faire à cette époque. Le général fut inébranlable; et tout ce que Louis-Philippe put obtenir de lui, fut de venir, en personne, exprimer son refus à Marie-Amélie qui eût attaché un grand prix à voir ses enfants placés sous une telle direction (1).

Ses concitoyens offrirent la députation à Drouot en 1827; mais il ne voulut pas sortir de sa retraite et refusa cette dignité.

S'il ne défendit pas à la tribune les droits de ses compatriotes, il leur fit connaître, par une lettre adressée à un député de la Meurthe, quels devaient être les devoirs de celui qui représente ses concitoyens (2).

Le général Drouot venait d'acheter au faubourg Saint-Jean une modeste petite maison où il devait passer les vingt dernières années de sa vie, lorsqu'il tomba sérieusement malade. Il demanda au

(1) Mme Bourdon, *Vie du général Drouot.*

(2) Voir, à la fin du volume, la note XXVI.

médecin de lui dire franchement s'il pensait que sa maladie fût mortelle.

Un réchaud était allumé, ses mémoires placés à côté, pour être brûlés sous ses yeux, si le médecin le condamnait; mais ce dernier lui donna des espérances, et les mémoires furent *momentanément* sauvés !

---

# CHAPITRE XV

**Révolution de 1830. — Dernières années de Drouot. — Sa mort. — Ses funérailles**

La révolution de 1830 éclata tout à coup. Des troubles sérieux eurent lieu à Nancy les 27, 28 et 29 juillet. Le marquis de Pange, général commandant le département de la Meurthe, reçut à l'hôtel de ville l'invitation de prendre la cocarde tricolore et de la faire prendre aux troupes. Il s'y refusa en disant : « Messieurs, je ne veux pas trahir les serments que j'ai prêtés. J'ai écrit à Paris pour demander d'être remplacé; la réponse ne peut pas longtemps se faire attendre. D'ici là, si cela vous convient, je me mettrai à votre disposition pour maintenir l'ordre, conjointement avec vous et la garde nationale, mais je ne changerai pas de cocarde. »

A cette noble réponse, des menaces contre le général se firent entendre; le général Drouot, qui était présent, dit alors : « J'approuve le général de Pange, et je ferai comme lui. Je n'ai pris la cocarde blanche qu'en vertu d'une loi, et je ne la quitterai qu'en vertu d'une loi. Restez avec nous, général, ajouta-t-il, et nous ne vous demanderons rien de nature à blesser votre délicatesse. » Par son attitude énergique, ses paroles conciliantes, Drouot parvint à maintenir l'ordre. Il était cependant en proie aux plus violentes douleurs, ne marchant qu'à l'aide de béquilles. Malgré ses souffrances, il passa deux nuits et un jour à l'hôtel de ville pour veiller à la tranquillité de tous.

Le nouveau roi Louis-Philippe nomma Drouot commandant des troisième et cinquième divisions militaires.

Les infirmités ne l'arrêtaient plus lorsqu'il s'agissait de rendre service à l'État. Appuyé sur le bras d'un aide de camp, et soutenu par une béquille, il partit de Nancy le 5 août 1830.

Arrivé à Pont-à-Mousson, il reçut le corps des officiers, et parla aux sous-officiers. Plusieurs voulaient donner leur démission. Drouot s'efforça de les déterminer à rester au service du pays, et, retrouvant son énergie d'autrefois, le vieux soldat s'écria : « Je suis votre père, indulgent aujourd'hui, mais sévère demain si vous oubliez la discipline. Croyez-moi, vous n'êtes quelque chose que par la discipline ; elle a fait la gloire de vos pères en 1815 (1).

Ayant appris que des émeutes troublaient Metz, il s'y rendit aussitôt. Sa première visite fut pour l'évêque, le vénérable Mgr Besson, alors en butte

(1) Général Ambert, *Vie du général Drouot.*

à mille préventions; par son caractère ferme et inébranlable, il contrariait les plans des émeutiers.

La foule menaçante entourait son palais, voulant le forcer à quitter son diocèse; on voulait en plus que la cathédrale servît aux élections. L'évêque s'y refusa énergiquement. Drouot approuva sa conduite et ce refus. En exprimant au prélat combien il était affligé des menaces et des vexations qu'il venait de subir, il l'assura qu'il ne négligerait rien pour le faire respecter.

Les souffrances de Drouot devenant de plus en plus vives; il dut bientôt renoncer à son commandement; il écrivit au ministre de la guerre pour lui demander l'autorisation de rentrer dans sa chère obscurité. Pour revenir à Nancy, il prit modestement une place à la diligence; mais tous les officiers voulurent monter à cheval et escorter le vieux chef dont la science pratique; la prodigieuse activité et les facultés encore dans toute leur energie, avaient au plus haut degré excité leur surprise et leur admiration (1).

Ses concitoyens le nommèrent lieutenant dans la garde nationale. Par une modestie peut-être excessive, il accepta cette singulière nomination. Nous le retrouvons, avec ce grade si indigne de lui, le 26 septembre 1830, à la remise du drapeau (2) tricolore à la garde nationale. Après cette revue, le lieutenant Drouot fut fortement acclamé.

D'une simplicité et d'une humilité rares, chaque

(1) *Veillées militaires*,

(2) Voir, à la fin du volume, la note XXVII.

fois que le général Drouot écrivait au général Pernetty, il commençait par ces mots : « Mon colonel (1), » voulant, par cette formule respectueuse, rappeler l'époque où il était sous ses ordres.

Le 18 octobre 1830, Louis-Philippe, voulant donner à Drouot une marque de son estime, le nomma grand'croix de la Légion d'honneur. Cette même année, dans le courant du mois de novembre, il fut appelé au commandement de l'École polytechnique; mais ses infirmités croissantes l'empêchèrent de remplir ce poste.

Le 19 novembre 1831, une ordonnance royale le nomma pair de France; mais ses souffrances ne lui permirent pas de siéger.

Son état empira même à un tel point, que le bruit de sa mort courut un moment.

Il se remit cependant, et il entrait en convalescence, lorsqu'il reçut la lettre suivante, preuve touchante du respect et de l'amour qu'il avait su inspirer :

« Paris, 6 décembre 1831.

» Mon général,

» J'avais appris hier une chose qui me faisait beaucoup de peine; on disait que vous étiez mort, et on m'avait fait lire, pour me le prouver, un papier que je vous envoie, parce qu'il contient sur votre compte des choses très bien dites, et qui surtout sont très justes et vraies. Il y a un pro-

(1) Mme Bourdon, *Vie du général Drouot.*

verbe qui dit qu'on doit dire la vérité aux morts. Celui qui a mis cet article dans le *Journal de Paris* du 5 décembre 1831, avait cependant oublié une chose, et qui est essentielle à mon idée, c'était de dire la manière dont vous saviez parler aux soldats et les gouverner.

» C'est une belle chose que la science, mon général, mais moi je dis que ce n'est pas tout; la principale chose, selon moi, c'est de se faire aimer du soldat, parce que si le colonel n'est pas aimé, on ne se soucie pas beaucoup de se faire tuer par les ordres de quelqu'un que l'on déteste.

» A Wagram, en Autriche, par exemple, où ça chauffait si fort et où notre régiment à tout fait, est-ce que vous croyez que si vous n'aviez pas été aimé comme vous l'étiez, les canonniers de la garde auraient si bien manœuvré? Vous vous rappelez qu'après la bataille il manquait à l'appel vingt-cinq hommes par compagnie dans l'artillerie de la garde. L'empereur fut si content qu'il fit donner la croix à tous les sous-officiers.

» Moi, mon général, je le répète, je n'ai jamais trouvé un colonel qui sût parler comme vous à un soldat; vous étiez sévère, j'en conviens, mais juste. Jamais un mot plus haut l'un que l'autre, jamais de jurement, jamais de colère; enfin, vous parliez à un soldat absolument comme s'il eût été votre égal.

» Il y a des officiers qui parlent aux soldats comme s'ils étaient les égaux des soldats; mais ça ne vaut rien du tout, suivant moi.

» Je prends la liberté de vous faire écrire ces quelques lignes par un de mes amis, parce que vous m'avez rendu un service que je n'ai pas oublié. Quand je suis sorti de la garde, par réforme, à cause d'une blessure que je m'étais faite dans une manœuvre, le ministre ne voulait pas me donner la pension que je méritais ; mais vous avez eu la bonté de prendre vous-même la plume et de me faire la pétition la plus soignée que j'aie jamais vue ; vous l'avez fait transcrire ensuite par un sergent et vous l'avez apostillée. Quand le ministre a vu comme la chose était dite, ma foi, j'ai eu une pension tout de suite, et toutes les fois que je vais à la caisse, je dis en moi-même : C'est tout comme si cet argent-là sortait de la poche du général Drouot, car sans lui je n'avais rien.

» J'ai encore appris avec plaisir que Louis-Philippe vous avait fait pair de France, comme sous l'empereur, en 1815.

» Il y a le fils d'un bourgeois, que je connais, qui dit que vous refuserez ; mais je crois qu'il se trompe, car l'empereur est mort, malheureusement, et votre serment doit mourir aussi.

» Excusez, mon général, un vieux canonnier de votre régiment de vous importuner ; mais quand j'ai su que vous n'étiez pas mort, j'ai senti un tel plaisir que j'ai voulu vous faire mes compliments.

» Signé : MAILLOT.

» Jean-Nicolas Maillot, canonnier à la quatrième compagnie à pied de la garde impériale, capitaine Lefrançais, et ensuite capitaine Moquart. »

L'artillerie considérait en Drouot son modèle et sa gloire ; jamais un régiment de cette arme ne passait par Nancy, sans que le corps d'officiers ne vînt rendre hommage au modeste héros que tous vénéraient.

Un jour, un régiment de dragons traversait cette ville. Rompus par quatre, les escadrons, encore étendus par la marche, occupaient un espace immense. La circulation transversale, interrompue longtemps, avait accumulé aux embouchures des voies de communications des masses de spectateurs.

La musique attirait le peuple, les fenêtres s'ouvraient, et, joyeux, tous les citoyens semblaient saluer le régiment. Poudreux comme on l'est en voyage, les dragons caressaient du regard ce gîte d'étape, qui est l'affaire principale de la journée. Le colonel des dragons avait laissé filer quelques pelotons de la tête de colonne. Son cheval, arrêté précisément au débouché d'une rue, permettait au chef d'apercevoir au loin. Dans le prolongement de cette rue, un homme âgé, ou plutôt accablé par les fatigues et les souffrances physiques, venait avec lenteur. Le colonel vit cet homme, le reconnut, et, d'une voix éclatante, fit faire halte au régiment. Les rangs s'ouvrirent, le vieillard se découvrit, salua le régiment, et franchit cette longue chaîne d'hommes et de chevaux. Étonné, le peuple regarda ; c'était Drouot, à qui le régiment rendait hommage. Alors ce furent des applaudissements, des cris de joie qui s'élevaient de la foule, qui sortaient des maisons, à l'adresse du vieux général et des jeunes soldats.

On se disputa le plaisir de loger les dragons ; chacun d'eux fut fêté par ses hôtes, comme si Drouot eut présidé à chaque foyer ; et le lendemain, lorsque les trompettes sonnèrent la marche, le peuple accompagna les dragons, *parce que les dragons connaissaient le général Drouot* (1).

Pendant les trente années que Drouot vécut dans la paix de la vie privée, il ne cessa pas d'être utile au monde ; car, aimant profondément le prochain, il redescendait vers les pauvres et les petits comme vers sa source, et dès que la fortune commença à lui sourire, il prit la résolution de partager avec les pauvres les bénéfices de sa vie. C'est là le véritable signe de l'amour : quiconque ne partage pas, n'aime pas (2).

Le legs de l'empereur (soixante mille francs), joint aux gratifications préalables, sa pension de retraite, etc., éleva son revenu à douze mille francs ; il ne changea rien pour cela au genre de vie si simple qu'il avait adopté. Deux mille quatre cents francs par an, une petite maison, un petit jardin, un vieux soldat, Joseph Didier, un de ses anciens canonniers qui ne le quitta

(1) Mme Bourdon, *Vie du général Drouot.*

(2) P. Lacordaire, *Éloge funèbre du général Drouot.*

pas, lui semblaient plus que suffisants pour ses besoins ; et ses infirmités croissantes ne lui firent pas empiéter davantage sur ce qu'il appelait le patrimoine des pauvres et des anciens soldats de l'empire.

Son traitement de la Légion d'honneur fut de tout temps affecté à de bonnes œuvres. C'était un devoir pour lui, disait-il, d'assister les vieux militaires dénués de secours. La somme laissée par l'empereur passa tout entière pour la fondation des lits à l'hospice Saint-Julien ; ce qui lui faisait dire : « Je suis heureux, mille fois heureux d'avoir pu reconnaître les bienfaits de l'empereur en les répandant sur les soldats qui ont supporté les fatigues de nos longues guerres sans en recevoir la récompense, et surtout sur les braves vétérans de la garde, qui ont suivi mon bienfaiteur à l'île d'Elbe et qui lui ont donné tant de preuves de leur amour et de leur dévouement. »

Il aimait que ses charités ne fussent connues que de Dieu seul, et prenait mille précautions pour que son secret ne fût pas découvert. En voici une preuve entre beaucoup d'autres :

Le lecteur n'a pas oublié sans doute le chef de bataillon Delon, qui dans son rapport avait conclu à l'acquittement de Drouot. Son dévouement à la cause du général le fit destituer. Aussitôt que Drouot en est informé, il envoie à M. Delon trois mille francs. Celui-ci les refuse, disant qu'il n'est pas humilié de l'offre du général, mais qu'il n'en a pas besoin ; que du reste, s'il devait avoir recours à quelqu'un, ce serait au général Drouot qu'il s'adresserait tout d'abord.

Le gouvernement de 1830, qui rendit à M. Delon sa place et son grade, le mit peu après à la retraite. Cette solde, assez forte, permettait à M. Delon une existence honorable ; mais à sa mort le sort de sa femme serait-il assuré ?

Drouot apprend cette position et veut absolument l'améliorer.

Cette fois il fait parvenir, par l'intermédiaire de son notaire, un capital de sept mille deux cents francs, le priant de le placer en rente viagère sur la tête de M. et Mme Delon, qui acceptèrent ce présent et ne cessèrent d'admirer tant de bonté, de délicatesse et de grandeur d'âme.

Un grand chagrin atteignit encore Drouot : le roi de Rome descendit dans la tombe.

A cette occasion, le général Petit, qui conservait pieusement le drapeau des grenadiers de la garde impériale, lequel lui avait été remis, en 1815, avant l'exil, consulta le général Drouot pour savoir quelle destination il devait donner à ce précieux souvenir de tant de victoires.

Le général lui répondit à la date du 27 janvier 1834 :

« La France, ayant reconquis ses glorieuses couleurs, ne doit pas être privée du drapeau dont vous avez bien voulu être le dépositaire. Ce monument ne serait être mieux placé qu'aux Invalides, sous les yeux des nobles débris de nos armées. »

En juillet 1833, âgé de soixante ans, le bon Drouot fut atteint d'une cécité complète.

Le chrétien se retrouve tout entier dans ces nobles paroles que lui entendit prononcer à voix basse son fidèle domestique Joseph : « Mon Dieu, que votre volonté soit faite. »

Sa touchante résignation fut récompensée, car le Dieu de toute bonté lui envoya, dans Mlle Lacretelle (1), une de ces femmes pieuses et dévouées qui semblent n'être venues sur la terre que pour nous servir d'ange gardien.

Elle accomplit sa mission avec joie et empressement, faisant la lecture au pauvre aveugle, dont l'âme, toujours puissante, se sentait emprisonnée dans un corps malade.

Drouot passait donc ses journées en écoutant d'abord la lecture des journaux, puis des livres d'histoire, des récits de voyages, et les mémoires contemporains. Il commentait chaque ouvrage avec sa clarté, son savoir habituels; la lecture spirituelle avait une grande part dans cette vie si bien remplie.

Il donnait beaucoup de temps à la prière; elle jaillissait de son cœur avec une onction dont le secret a été plus d'une fois surpris.

Un jeune artiste, introduit furtivement dans sa chambre pour recueillir ses traits, vit l'illustre aveugle, qui se croyait seul avec Dieu, lever à plusieurs reprises ses mains vers le ciel dans un épanchement religieux, attesté sur sa noble figure

(1) Cousine du célèbre Lacretelle de l'Académie française.

par l'illumination d'une pure et divine joie. Nous voyons une nouvelle preuve de l'humilité du grand homme dans cette ruse dont il fallut user pour conserver son image à la postérité.

Il allait chaque matin à la messe, guidé par la main de sa dévouée lectrice.

Quand il traversait les rues, tous ceux qu'il rencontrait, hommes, femmes ou enfants, se levaient à son approche pour le saluer. Ce salut n'était pas une simple politesse, puisqu'il ne pouvait le voir ni y répondre; c'était un hommage qu'on rendait à sa vertu.

Drouot ne manquait pas de faire offrir le sacrifice du corps et du sang de Jésus-Christ aux jours commémoratifs de la mort de son père, de sa mère et de l'empereur. Il communiait plusieurs fois dans l'année, et on ne saurait dire avec quel respect militaire et filial il recevait dans sa solitude le Dieu qui avait réjoui sa jeunesse, protégé sa vie de soldat, et qui répandait sur la fin de ses jours une inénarrable consolation.

La famille royale partageait l'enthousiasme qu'inspirait à tous ce héros chrétien ; le duc d'Orléans, fils aîné de Louis-Philippe, dans un voyage qu'il fit à Nancy, alla visiter Drouot, et l'illustre aveugle sentit ses mains cordialement pressées dans les mains du jeune homme, dont le silence et le tremblement révélaient l'émotion. Le vieillard y répondit par des larmes d'attendrissement. Peu de temps après, la main incompréhensible de Dieu avait moissonné ce prince, qui semblait devoir survivre de longues années encore au vieux général (1).

Malgré ses souffrances, Drouot écrivait encore. Il inventa un pupitre à l'aide duquel il parvint à écrire; il s'y exerçait plusieurs heures par jour, disant en souriant que c'était sa leçon d'écriture. Il parvint ainsi à écrire couramment, et se plaisait beaucoup à cet exercice.

Pour pouvoir se promener seul dans son jardin, il avait fait établir des fils de fer à droite et à gauche des allées; d'une main il suivait la direction du fil, et de l'autre s'appuyait sur son bâton.

Le 5 décembre 1835, Drouot donna à la ville de Nancy, pour sa bibliothèque publique, une magnifique collection de cartes militaires, et, pour être placé au musée, un superbe cimeterre que l'empereur avait longtemps porté avant de lui en faire présent (2).

En 1836, il envoya à M. le maire de Nancy une croix d'officier de la Légion d'honneur, qu'il avait reçue des mains de l'empereur sur le champ de bataille de Wagram. Voici la lettre qui accompagnait cet envoi :

« Monsieur le Maire,

» J'ai l'honneur de vous offrir, pour le Musée de Nancy, une étoile de la Légion d'honneur qui a été portée par Napoléon, et un médaillon rap-

(1) Mme Bourdon, *Vie du général Drouot.*

(2) Napoléon avait rapporté trois sabres d'Égypte; il les distribua aux généraux Drouot, Bertrand et à M. de Caulaincourt.

porté de Sainte-Hélène, renfermant de ses cheveux. Ces objets pourront être placés près du sabre turc qui m'a été donné par l'empereur, et dont j'ai fait hommage à ma ville natale le 5 décembre dernier. La vue de ces précieux souvenirs sera toujours chère à ceux qui savent combien l'empereur aimait les Français ; ils n'oublieront jamais que si Napoléon aimait passionnément la gloire, il aimait encore davantage la France.

» J'ai l'honneur, etc.

» Général DROUOT. »

Une grande consolation était réservée au bon général : le retour des cendres de l'empereur. Ce fut pour lui un bonheur immense. Voici, dans ces notes, ce qu'il dit à ce sujet :

« Le retour des cendres de l'empereur a comblé, en 1840, mes vœux et mes espérances : chaque jour je bénis la sagesse royale, à qui la France est redevable de ce grand acte de réparation, et je rends des actions de grâces à la Providence, qui m'a accordé la consolation d'être témoin de cet heureux événement. »

M. Justin Bonnaire avait composé quelques stances sur le retour des restes de Napoléon ; il obtint d'aller les lire au général, qui l'accueillit avec bienveillance et l'écouta avec bonté. Seulement, il lui dit : « Si vous livrez cette pièce à la publicité, veuillez, je vous prie, retrancher les passages où vous parlez de moi ; loin d'en souffrir, le sujet principal n'en brillera qu'avec plus d'éclat. Je me connais, voyez-vous, je sais ce que je vaux, et je ne suis pas à la hauteur où vous me placez.»

Voici le passage auquel le général faisait allusion :

Heureux de contempler ces nobles funérailles,
De vos mères, amis, bénissons les entrailles!
Mais de cette splendeur que dévorent nos yeux,
Drouot, ta vue, hélas! ne sera point charmée;
O Nestor de l'armée!
Bélisaire nouveau, tu ne vois plus les cieux!...

Du moins nos chants, nos cris ont frappé ton oreille,
Et si de ce beau jour la pompe sans pareille
Dans la nuit qui t'enlace échappe à ton regard,
Fidèle à ton serment ton grand cœur se dilate,
Et ta parole éclate,
Et de Hanau ton bras ressaisit l'étendard!

En 1841, le gouvernement crut utile d'entourer Paris de fortifications. Les avis étaient partagés. Drouot fut consulté, il répondit aussitôt (1).

Ce fut l'avis du célèbre aveugle qui prévalut. Son opinion était, du reste, celle de Vauban, de Napoléon, de Haxo et des hommes les plus célèbres.

Le général Drouot voyait peu de monde : son frère, ses neveux, sa lectrice et quelques anciens camarades. Aux anniversaires du retour de l'île d'Elbe, de Waterloo, de la mort de l'empereur, il aimait à rester dans sa solitude; quelques jours avant ces tristes époques, il disait aux personnes

(1) Voir, à la fin du volume, la note XXVIII.

qui le fréquentaient : « Ne venez pas me voir ces jours-ci, je désire rester seul. » On comprenait sa pensée, et l'on respectait sa légitime douleur. »

« On n'approchait de sa maison, dit le P. Lacordaire, que comme d'un sanctuaire, pour y chercher les plus saintes leçons de la vie ; on n'y entendit jamais que des actions de grâces et des louanges pour Dieu. Un parfum d'honneur, de sincérité, de justice, de droiture, de piété et de joie s'en exhalait à toute heure, et y appelait une gloire que le temps ne diminuait pas. »

Outre les consolations de l'amitié, qui ne lui manquèrent jamais, sa retraite était embellie par la culture des lettres.

M. D. Carrière, au sein de l'Académie de Stanislas dont le général Drouot était membre, prononça les vers suivants, qui s'adressaient à notre héros :

Oh! ma muse indiscrète
Ira te découvrir dans ton humble retraite.
Nouveau Fabricius, tu t'es pu dérober
A la gloire, aux honneurs, lorsque tu vis tomber
Le géant des combats dans la fatale plaine.
Tu peux, de tes foyers, faire ta Sainte-Hélène;
Mais tu ne pourras pas t'arracher en ce jour
Aux acclamations de notre vif amour.

Gloire à toi, le plus pur des soldats de l'empire!
Modèle des héros, c'est en toi que respire
L'âme des vieux Lorrains qui chez nous vit encor.
Gloire à toi que l'armée appelait son Nestor,
A toi que l'étranger révère et nous envie,
A toi qui n'as prêté qu'un serment dans ta vie,
Et qui sais, dans un cœur plein de l'amour du bien,
Porter l'honneur du brave et la foi du chrétien.

Vers la fin de sa vie, il se plaisait à dicter ses souvenirs, et le soir, il faisait brûler ce qu'il avait écrit dans la journée, vivant ainsi dans le passé, sans en laisser aucun vestige après lui. Humilité cruelle pour nous, qui, par là, perdons la connaissance d'une foule de faits pleins d'intérêts! Que d'utiles leçons nous aurions pu recueillir dans ces précieuses pages!

Le bon Drouot touchait à la fin de sa glorieuse carrière. Ses jambes lui refusaient tout service, il souffrait beaucoup; mais il supportait toutes ses douleurs avec la résignation d'un parfait chrétien. Aussi plusieurs célèbres écrivains ont-ils dit que Drouot avait été plus grand dans sa modeste retraite que dans les armées et les palais (1).

Voici une lettre qui peint cette âme soumise à Dieu. Le 8 mai 1846, il écrivait à son ami le colonel Aubert :

« Depuis vingt ans, mon cher colonel, je subis de bien rudes épreuves; mes infirmités ont commencé au mois de février 1826, et depuis treize ans, elles ont été aggravées par une cécité complète. Pendant ces vingt années, j'ai supporté beaucoup de souffrances et de privations. Je ne m'en plains pas, parce que je n'ai jamais été privé des consolations qui adoucissent les maux et les misères de la vie. Souvent, et surtout depuis cinq mois, j'ai cru que l'heure de la délivrance allait sonner, j'en éprouvais une indicible joie.

(1) Joachim Ambert.

J'étais heureux en pensant que dans quelques heures, je recevrais dans un autre séjour le dédommagement des longues souffrances physiques et des peines morales non moins douloureuses que j'ai eu à supporter sur la terre.

» Adieu, mon cher Aubert; soyez heureux pendant un grand nombre d'années, c'est le vœu de votre ancien et très affectionné colonel et ami.

» Général DROUOT. »

Dans les derniers temps de sa vie, il disait : « Je souffre beaucoup maintenant, j'ai de graves infirmités, et cependant, si j'avais encore vingt ans à vivre, je demanderais à Dieu de recommencer les vingt dernières années de ma vie.

Drouot se réjouissait à la pensée de la mort : « Je suis bien faible, bien souffrant, disait-il; mais si je savais mourir demain, je crois que je ferais encore un saut comme cela. » Et il élevait la main à environ un pied de terre.

Comme il était excessivement charitable, on lui faisait remarquer que ses générosités multipliées (1) finiraient par détruire ses ressources. Il répondit gaiement que, lorsqu'elles seraient épuisées, il irait se présenter à l'hospice Saint-Julien, pour y occuper lui-même un des lits qu'il avait fondés en faveur des vieux soldats : « Si ce moment arrive, ajoutait-il, ce ne sera certainement pas le moins doux de ma vie. »

(1) Voir, à la fin du volume, la note XXIX.

Quelques mois avant sa mort, on venait solliciter son bon cœur pour une famille dans la gêne. N'ayant plus rien à donner, il se souvint d'un grand uniforme qu'il conservait comme une sorte de relique de ses anciens jours. Il en fit découdre et vendre les galons. Un de ses neveux lui en témoigna du regret, disant qu'il aurait eu du plaisir à le transmettre à ses enfants : « Mon neveu, répondit le général, je vous l'aurais donné volontiers; mais j'aurais craint que vos enfants, en voyant l'uniforme de leur oncle, ne fussent tentés d'oublier une chose, qu'ils doivent se rappeler toujours, c'est qu'ils sont les petits-fils d'un boulanger. »

Se sentant près de sa fin, l'illustre général fit mander son frère d'armes, le général Hulot, et le 20 mars 1847, d'une voix déjà bien faible, il lui fit les recommandations suivantes : « Quand je serai mort, vous en informerez M. le maréchal Soult; vous lui direz que mon attachement pour sa personne lui a toujours été acquis, que je n'ai cessé de faire des vœux pour la conservation de ses jours, parce qu'il les consacre au service de la France.

» Vous lui direz que je le prie d'être mon interprète auprès du roi, auprès de la reine et des princes, pour leur exprimer mon respectueux dévouement, et leur faire hommage des vœux que tous les jours j'ai adressés au Ciel pour leur bonheur et pour leur prospérité; vous lui direz qu'en exprimant ces sentiments pour la famille royale, j'entends les confondre avec les mêmes que je professe pour la France. »

Quelques jours seulement avant de quitter la terre, il disait : « J'attends tous les jours la mort, et puisque telle est la volonté de Dieu, je m'en réjouis, car je vais retrouver mon père, ma mère, mon empereur. »

Les dernières lignes qu'il a laissées sont celles-ci : « Arrivé près du terme de ma carrière, j'attends en paix qu'il plaise au Seigneur de me rappeler à lui et de m'admettre, comme je l'espère, dans le séjour où seront récompensés ceux qui ont bien aimé et bien servi leur patrie. »

A l'âge de plus de soixante-treize ans, le 24 mars 1847, le brave et pieux Drouot rendit à Dieu sa belle âme en pressant le crucifix sur les lèvres.

La nouvelle de la mort de cet illustre général et de ce fervent chrétien produisit dans Nancy un effet extraordinaire; malgré les recommandations de ce grand homme qui avait demandé la sépulture du pauvre, on lui fit de magnifiques funérailles.

Il resta exposé sur son lit de mort pendant la journée du mercredi et la matinée du jeudi; une affluence considérable se porta vers sa demeure pour contempler une dernière fois les traits de cet héroïque soldat, de ce pieux et noble chrétien. Beaucoup de personnes firent toucher à son visage des chapelets et des médailles pour lui donner une sorte de consécration.

Voici les détails exacts de ses funérailles tels que nous les avons trouvés dans le *Journal de la Meurthe*.

Le conseil municipal, assemblée dans la journée du mercredi, avait unanimement décidé que, malgré les dernières volontés du général, on lui décernait les honneurs qu'il méritait à tant de titres, et que les corps constitués seraient invités à assister à ses funérailles.

Drouot mort n'appartenait plus à sa famille; il appartenait à sa ville natale, au département de la Meurthe, à la France; et c'est au nom de la France qu'on devait lui rendre les honneurs dus aux citoyens qui ont illustré leur pays, et dont le nom est une gloire éternelle pour la cité qui les a vus naître.

Le vendredi 26 mars, Nancy était sorti de son calme et de son repos habituel; tous les habitants se pressaient en foule pour rendre un dernier hommage à l'illustre Nancéien que tous regrettaient.

Longtemps avant l'heure indiquée pour la cérémonie, les rues voisines de la maison mortuaire et celles par où devait passer le convoi étaient pleines de curieux, et les maisons depuis le rez-de-chaussée jusqu'aux étages supérieurs, étaient garnies de spectateurs. C'était une affluence telle qu'on n'en avait jamais vu et que peut-être l'on ne reverra jamais.

A dix heures et demie, le cortège, dont l'ordonnance avait été confiée à deux membres du conseil municipal et qui avait été réglée d'après l'ordre de préséance, est sorti de la modeste habitation qu'on pouvait à bon droit nommer la maison de Socrate, et s'est avancé dans le faubourg Saint-Jean de la manière suivante :

La marche était ouverte par un peloton de lanciers à cheval, que suivaient, sapeurs en tête, les musiques de la garde nationale et des deux régiments ; puis venaient M. le général commandant la subdivision, et les colonels des deux régiments à cheval. Le clergé de la paroisse Saint-Sébastien et le chapitre tout entier de la cathédrale précédaient le cercueil, couvert des insignes militaires du général, et porté par des sous-officiers de la garde nationale, de la ligne et des lanciers. Les quatre coins du poêle étaient tenus par le maire de Nancy, le lieutenant-général Hulot, le général Vilatte et le colonel de la garde nationale. Marchaient ensuite, après les membres de la famille du défunt, M. le préfet de la Meurthe, M. le président du tribunal de première instance, M. le président du tribunal de commerce, la cour royale en robes rouges, qui, de même que le tribunal, avait suspendu son audience ; l'état-major de la subdivision, le conseil de préfecture, le tribunal de première instance, le corps municipal, l'université et l'école de médecine, l'état-major des différentes armes, les officiers en retraite et les membres de la Légion d'honneur, le tribunal de commerce, le conseil des prud'hommes, les ingénieurs des ponts-et-chaussées, les diverses administrations, les commissions des hospices et du bureau de bienfaisance, la société royale des sciences, lettres et arts de Nancy, conduite par son digne président M. Levallois, ingénieur en chef des mines, la société d'agriculture, l'école forestière, le collège royal, l'école normale, l'école primaire supérieure, les écoles communales; les membres de la société de prévoyance et de secours mutuels portant des immortelles à la boutonnière.

A la suite de ces différents corps, de chaque côté desquels la garde nationale et la ligne formaient une double haie, venait une foule nombreuse de citoyens, témoignant, par leur empressement, des regrets qu'emportait dans la tombe celui dont une ville entière suivait le convoi funèbre. Le cortège, après avoir descendu la rue Saint-Jean, est entré dans, l'église, où Monseigneur l'évêque de Nancy attendait les restes du brave Drouot sur le seuil même de la paroisse Saint-Sébastien. Un service solennel, pendant lequel les musiques des deux régiments ont fait entendre de lugubres symphonies, a été ensuite chantée par le clergé de la paroisse. Monseigneur a fait l'absoute, puis on s'est remis en marche dans le même ordre qu'on avait suivi pour venir à l'église.

Monseigneur, en témoignage d'une estime toute particulière pour le grand citoyen que Nancy pleure, a cru devoir déroger aux usages en accompagnant le cercueil jusqu'à la porte Stanislas, où il a béni le corps ; le cortège entier a marché jusqu'au cimetière de Préville, où les derniers honneurs militaires ont été rendus à l'illustre défunt.

Le général Drouot avait expressément défendu qu'aucun discours fût prononcé sur sa tombe, et se soumettre à cette volonté était un devoir. Aussi M. le préfet de la Meurthe, en venant jeter l'eau bénite sur le cercueil, s'est-il borné à prononcer ces quelques mots qui résument à eux seuls de la manière la plus complète, les plus magnifiques éloges :

« Général Drouot,

» Au nom du roi, au nom de la France, au nom de ce département et de cette cité qui était pour vous une patrie dans la patrie, adieu!....

» Vous fûtes héroïque comme soldat, vous fûtes sublime comme citoyen!.... Nous vous pleurons, mais nous ne vous plaignons pas : votre vie est irréprochable, vos souffrances viennent de finir et votre immortalité commence! »

Ces paroles simples et éloquentes, prononcées au milieu de la foule immense, furent accueillies par de vives sympathies.

Ce jour comptera parmi ceux dont Nancy doit religieusement garder le souvenir (1).

Le modeste général repose au cimetière de Préville, entre son père et sa mère. Voici l'ins-

(1) Extraits de H. Lepage, et des journaux *la Meurthe* et *le Moissonneur*.

cription qui se trouve sur le monument qui les recouvre :

D. O. M. D. I. R. Æ.

ICI REPOSENT

CLAUDE DROUOT

né à Thicourt le 18 avril 1745, décédé boulanger à Nancy le 31 octobre 1803;

ANNE ROYER

sa femme, née à Nancy le 30 septembre 1751, décédée le 7 mai 1817;

et leur fils aîné,

LE GÉNÉRAL DROUOT

né à Nancy le 11 janvier 1774, décédé le 24 mars 1847.

Ils ont placé leur espérance dans le Seigneur.

†

La compagnie d'artillerie de Nancy érigea au musée un buste en bronze au vaillant Drouot. Horace Vernet fit cadeau du portrait de l'illustre Lorrain : sa statue s'élève sur une des places de Nancy, et le musée de Versailles possède également la statue du lieutenant-général comte Drouot.

Son nom fut donné à une des principales rues de la capitale.

Mais certes le plus grand des honneurs qui lui ait été rendu, fut son éloge funèbre prononcé dans la cathédrale de Nancy par l'illustre dominicain. le P. Lacordaire, le 25 mai 1847, en présence de Mgr Menjaud et d'une foule immense.

---

# APPENDICE

**États de service du général Drouot d'après les registres du ministre de la guerre.**

Le comte Drouot (Antoine) est né le 11 janvier 1774, à Nancy (Meurthe). — Élève à l'école de Châlons, le 1er juin 1793. — Lieutenant au 1er régiment d'artillerie à pied, le 1er juillet 1794. — Capitaine le 25 février 1796. — Chef de bataillon au 4e, le 20 septembre 1805. — Lieutenant-colonel au 3e, le 19 janvier 1807. — Lieutenant-colonel dans l'artillerie de la garde impériale et aide de camp, le 27 août 1808. — Colonel le 9 juillet 1809. — Maréchal-de-camp le 10 janvier 1813. — Lieutenant-général le 3 septembre 1813, et nommé aide-major de la dite garde le même jour.

Passé à l'île d'Elbe le 14 avril 1814, le général Drouot est du nombre des militaires qui ont été autorisés à suivre l'empereur à l'île d'Elbe, en vertu du traité de 1814, et qui sont rentrés en France lors des événements de 1815.

Compris dans l'article premier de l'ordonnance du 24 juillet 1815, il fut mis en jugement et acquitté.

Une décision ministérielle, du 19 février 1820, prescrivit en conséquence de le rappeler de la demi-solde pour le temps où il était resté sans traitement; mais le général Drouot refusa ce traitement pour ne pas être disponible et n'être pas obligé de renoncer aux douceurs de la vie privée, s'il recevait des ordres.

Par une autre décision ministérielle du 16 juillet 1824, il a été désigné comme susceptible d'une pension de retraite, en raison de ses services, qui datent du 1er juin 1793 au 16 juillet 1824.

Total général du service effectif, trente et un ans, un mois, quinze jours.

**Campagnes.**

Du 1er juillet an Ier au 6 fructidor an VII (23 août 1799), six ans, un mois, vingt-deux jours. — Du 9 prairial an VIII au 1er prairial an IX, armée du Rhin, onze mois, vingt-deux jours, — Du

25 brumaire au dernier jour de l'an XIII, embarquement pour l'expédition américaine, dix mois, onze jours. — Rentré à Strasbourg, et nommé inspecteur de la manufacture d'armes de Maubeuge, le 24 brumaire an XIV. — Du 11 mars 1808 au 31 décembre 1809, un an, neuf mois, vingt jours en Espagne. — 1812, 1813, 1814 jusqu'au 11 avril, grande armée, en Russie, en Saxe et en France.

Total général des services, quarante-six ans, deux mois, douze jours.

### Détail des campagnes.

An Ier, armée du Nord. — Ans II, III et IV, armée de Sambre et Meuse. — An V, armée du Rhin. — Ans VI et VII, armée de Naples. — Ans VIII et IX, armée du Rhin. — An XIII, embarqué à Toulon pour l'expédition d'Amérique, Strasbourg, Maubeuge. — 1808, armée d'Espagne. — 1809, même armée et armée d'Allemagne. — 1812, 1813 et 1814, grande armée en Russie, en Saxe et en France.

### Décorations et titres.

Chevalier de la Légion d'honneur, 5 août 1804. — Officier de la Légion d'honneur, 9 juillet, 1809. — Baron de l'Empire, 15 mars 1810. — Commandant, 23 septembre 1812. — Comte de l'empire, 24 octobre 1813. — Grand-officier de la Légion d'honneur, 23 mars 1814. — Pair de France (Cent jours), 2 juin 1815. — Grand'croix de la Légion d'honneur, 18 octobre 1830. — Pair de France (sous la Restauration), 19 novembre 1831.

---

## Appréciation des Anglais sur le général Drouot.

*Le Times* du 2 avril 1847 publia l'article suivant sur le général Drouot :

« Le comte Drouot vient de mourir à Nancy. Sous un certain rapport, on peut dire de lui qu'il a été le bras droit de l'empereur, car Napoléon gagnait ses batailles avec sa garde et son artillerie, et Drouot était général d'artillerie de la garde.

» Lorsque Napoléon commença à organiser, en 1806, la garde

impériale avec les cadres de la vieille garde consulaire, il y avait dans cette dernière une compagnie d'artillerie forte seulement de cent hommes; il se contenta d'en porter le nombre à trois compagnies, chacune de deux cents hommes. Trois ans après, il y ajouta huit compagnies d'artillerie à pied sous le commandement de Drouot. Il devenait de plus en plus convaincu de l'importance de cette arme, et à tel point, qu'en 1813, par suite d'augmentations successives, l'artillerie de la garde seule atteignait le chiffre de cent quatre-vingt-treize canons.

» Telle était cette arme terrible, maniée avec tant de vigueur par Drouot, arme dont les éclairs annonçaient plus infailliblement le sort des empires et la chute des royaumes que ne l'a jamais fait la queue flamboyante d'une comète.

» Nous ne dirons pas précisément que Drouot était à Napoléon ce que Dickson était au duc de Wellington, car l'officier anglais était peut-être un talent militaire plus vaste; mais dans la capacité spéciale de sa sphère d'action, en bravoure, en fermeté, et surtout en cette simple honnêteté, en fidélité inébranlable, en vertu sans tache, le comte Drouot n'avait point de supérieurs et fort peu d'égaux parmi cette foule de héros qui avaient élevé l'Empereur sur le pavois de la gloire.

» Quand le général Drouot avait reçu l'ordre d'agir avec l'artillerie de la garde, c'était toujours, on peut en être sûr, le moment critique, le moment décisif de la journée. Alors on le voyait mettre une vieille capote, se promener à pied au milieu de ses canons, et cependant il sortit de tant de hasards sans blessures.

» Nous n'avons pas besoin de rappeler combien de fois Drouot et ses canonniers ont décidé le sort d'une rude journée. Les cinquante ou soixante pièces, qui, d'après les témoins oculaires, semblaient vomir le feu pendant qu'on les voyait lancées en plein galop, balayaient les derniers restes de l'opiniâtreté russe ou de la bravoure autrichienne, et décidaient du succès du jour.

» Dans l'art de manipuler et de pointer le canon, Drouot n'avait point de rival.

» Lorsque vint le tour des désastres, lorsque ceux qui devaient leur élévation à la faveur de l'empereur l'abandonnèrent l'un après l'autre, Drouot resta fidèle à son maître; *et si omnes, ego non.* Avec notre compatriote Macdonald, digne descendant de l'homme de Maidart, avec Bertrand et Fain, avec Cambronne et

Caulincourt, il se présenta au dernier lever de Fontainebleau, il suivit son souverain à l'île d'Elbe avec autant de dévouement qu'il avait mis à le suivre à Dresde.

» Nous parcourrons une longue liste de noms brillants dans le LIVRE D'OR de l'Empire avant de rencontrer un autre nom qui mérite, autant que celui du général comte Drouot, d'être l'orgueil de ses compatriotes et l'objet du respect de l'ennemi. »

---

# NOTES ET PIÈCES JUSTIFICATIVES

## NOTE I, page 10.

M. J. Nollet, de Nancy, voulant écrire la vie du général Drouot, demanda quelques renseignements à M. Spitz; voici la réponse qu'il en reçut :

« Varangéville, le 20 décembre 1847.

» Monsieur,

» Conformément à vos désirs, je m'empresse de vous informer que l'illustre général Drouot a suivi mon cours de mathématiques au collège de Nancy, pendant les années 1791 et 1792, et qu'il n'a cessé de servir de modèle, sous tous les rapports, à plus de soixante de ses condisciples.

» Étant enchanté de son grand désir de s'instruire, je lui ai donné, tous les jeudis et dimanches, ainsi que pendant les vacances, des leçons extraordinaires, en sorte qu'après l'espace de deux ans, il avait acquis la connaissance de toutes les parties des sciences mathématiques, qui n'étaient enseignées que dans les écoles militaires supérieures, et après avoir subi un examen très rigoureux, M. de Laplace l'a fait nommer lieutenant de seconde classe dans le corps de l'artillerie.

» Je vous prie, etc. » SPITZ. »

## NOTE II, page 13.

LAPLACE (P. Simon, marquis de), né en 1794, à Beaumont-en-Auge, fut un instant ministre de l'Intérieur après le 18 brumaire; entra au Sénat dès 1799, en devint président et fut nommé pair de France.

(*Dictionnaire de* Bouillet.)

Simon Laplace, comme Drouot, ne dut qu'à lui seul et à son savoir la haute position dont il a joui à la fin de sa vie. Voici ses débuts :

Né dans un petit village de Normandie, Simon Laplace était le fils de pauvres cultivateurs, qui durent s'imposer de grands sacrifices pour l'envoyer à l'école paroissiale. De bonne heure on vit se manifester en lui une intelligence précoce, une mémoire étonnante; à l'âge où d'autres enfants commencent à fréquenter les classes primaires, Simon savait tout ce que le maître était capable d'enseigner.

Ses parents le destinèrent à l'état ecclésiastique, et se créèrent de nouvelles privations pour l'envoyer au collège. Là des traités de mathématiques tombèrent dans ses mains, et dès ce moment tout autre étude fut à peu près négligée.

Quand Simon eut dix-neuf ans, ses parents avaient renoncé à le voir porter l'habit religieux, et, muni de plusieurs lettres de recommandation pour d'Alembert, savant renommé, il se dirigea vers Paris, où il espérait trouver les moyens de suivre la carrière de son choix. Mais il tenta vainement d'arriver personnellement jusqu'à l'académicien, dont la porte lui resta fermée, même après la remise des précieuses lettres de recommandation.

Que fit alors Simon ? Il écrivit à cet inabordable savant, non pas une supplique, non pas une demande de réception, mais une lettre sur les principes généraux de la mécanique.

Aussi, dès le lendemain, reçut-il une réponse ainsi conçue :

« Monsieur, vous voyez que je fais assez peu de cas des recommandations; vous n'en aviez pas besoin, vous vous êtes fait mieux connaître, et cela me suffit ; mon appui vous est dû, venez, je vous attends ! »

Et la porte de l'académicien fut ouverte à Simon Laplace qui, peu de jours après sa première entrevue avec le savant, était nommé professeur de mathématiques à l'école militaire. Il n'avait pas dix-neuf ans.

(*Jeunesse des hommes célèbres*, par Eugène Muller.)

## **NOTE III**, page 22.

Monge, né à Beaune, en 1746, et mort en 1818, était le fils d'un pauvre marchand forain. Il étudia chez les Oratoriens et fut chargé d'enseigner les mathématiques et la physique à l'école du génie, à Mézières. Pendant les guerres de la République, il rédigea son ouvrage : *Art de fabriquer les canons.* Il fut nommé professeur à l'école normale et fut un des fondateurs de l'école polytechnique. *Dictionnaire de* Bouillet.)

## NOTE IV, page 22.

Berthollet fut un célèbre chimiste. Il naquit à Talloire en Savoie, en 1748, mourut dans sa maison d'Arcueil en 1822. Fut d'abord étudiant en médecine, puis nommé médecin du duc d'Orléans. Il abandonna bientôt cette profession, pour se donner tout entier à l'étude de la chimie, il se fit connaître par d'excellents Mémoires. Il accompagna Napoléon en Égypte, et fit dans ce pays d'importantes recherches sur le natron. Il fut nommé membre du Sénat dès 1805, et devint pair sous la Restauration.

(*Dictionnaire de* Bouillet.)

## NOTE V, page 23.

Vauquelin, né en 1763, à Saint-André d'Hébertot (Calvados), mort en 1829, était fils d'un paysan, comme la plupart des célébrités de cette époque. La France avait alors besoin de trouver dans les générations plébéiennes, le talent, le courage, le savoir, et Dieu, dans sa bonté, donna à notre cher pays les hommes dont il avait besoin. Vauquelin, placé d'abord à Paris, fut remarqué, pour son ardeur au travail, par le célèbre chimiste Fourcroy, qui le logea chez lui et l'associa à ses travaux. Il devint professeur à l'école des mines, à l'école de pharmacie, à l'école de médecine, au collège de France, et membre de l'institut.

(*Dictionnaire de* Bouillet.)

## NOTE VI, page 24.

Nous empruntons encore ici à M. Nollet la lettre suivante, qui lui fut écrite par le colonel Pernety, qui commanda, pendant de longues années, le régiment d'artillerie, où Drouot était capitaine :

« Pansey par Joinville (Haute-Marne), ce 31 août 1847.

» Monsieur,

» J'ai trouvé ici, à mon retour des eaux, la lettre que vous m'avez fait l'honneur de m'écrire, le 9 de ce mois, pour me demander des renseignements sur le général Drouot, qui a été capitaine dans le premier régiment d'artillerie, dont j'avais le commandement; je ne saurais vous donner plus de détails que ceux que vous dites avoir reçus des généraux Marion, d'Hautpoul, etc.

» Je consignerai seulement ici, parce que c'est la vérité, que nul n'apportait plus que le capitaine Drouot, de zèle et de ponctualité dans toutes les branches du service de l'artillerie; d'une tenue militaire et d'une conduite irréprochables, il était aussi indulgent pour les autres que sévère pour lui-même; il était sobre par raison et par tempérament; connaissant tout le prix du temps, jamais on ne le voyait oisif. Le professeur de mathématiques de l'école d'artillerie travaillant à un ouvrage sur la balistique, le capitaine Drouot occupait ses loisirs à faire une partie des calculs nécessaires.

» Simple, modeste, généreux, actif, il se faisait chérir et respecter de la troupe, aimer et estimer de ses supérieurs, ainsi que de ses camarades.

» Recevez, etc.

» Le lieutenant-général d'artillerie, pair de France,

» Vicomte PERNETY. »

## NOTE VII, page 33.

### Lettre de Drouot.

« J'avais bien des raisons pour désirer mon débarquement définitif; j'ai une constitution qui ne peut se faire à la mer; pour peu que cette malheureuse mer soit agitée, je suis sur le plancher, vomissant avec des efforts incroyables; la fortune avait paru me sourire un moment; le général Lauriston avait l'intention de me donner l'ordre de retourner en France, mais des raisons particulières l'ont fait changer d'avis, et je viens de recevoir l'ordre de m'embarquer demain sur le vaisseau le *Berwick*. Nous avons trente-deux vaisseaux prêts à sortir, et nous avons en présence trente-deux voiles anglaises. Je souhaite ardemment que nous allions nous mesurer avec cette flotte. Je crois qu'il serait très avantageux pour nous de combattre à la vue d'un port, les vaisseaux trop maltraités viendraient s'y mettre à l'abri, et si la fortune se déclarait contre nous, il serait bien facile de nous retirer dans le port.

» Il paraît, d'après un ordre du jour (1er octobre 1805), que nous allons attaquer nos ennemis ; je me consolerai de l'ordre que j'ai reçu de m'embarquer, si nous avons pour objet une entreprise aussi glorieuse. »

## NOTE VIII, page 35.

Rollé-Baudreville, officier distingué, est né en 1754; fut reçu élève en 1769, nommé lieutenant le 2 juin 1770, capitaine le 23 mai 1784. chef de bataillon le 12 floréal an VIII, sous-directeur des forges de l'arrondissement des Ardennes en 1809.

*(Archives du musée de l'artillerie.)*

## NOTE IX, page 36.

### Lettre de Drouot.

« J'avais conçu le plus sincère attachement pour la manufacture de Maubeuge; j'avais eu à me louer des officiers, des contrôleurs, des ouvriers; l'entrepreneur allait au-devant de mes désirs, et lorsque mes demandes contrariaient ses intérêts, il se résignait de bonne grâce. Je devais donc m'attacher à un établissement où j'avais reçu de tous des preuves d'affection. Je n'ai pu apprendre sans chagrin que ce même établissement était aujourd'hui plongé dans la désolation, que les ouvriers manquaient d'ouvrage, mouraient de faim, etc.

» Ceux qui les ont amenés à cet état avaient sans doute de bonnes raisons pour le faire. Je ne les accuse pas ; mais n'ai-je pas le droit de me plaindre qu'ils aient oublié à mon égard toutes les convenances, qu'ils aient porté des plaintes contre ma gestion, qu'ils m'aient accusé d'avoir négligé la fabrication, et qu'ils aient poussé l'oubli de toute bienséance jusqu'à faire briser des armes qui ne pouvaient l'être que par ordre du ministre, et après l'examen le plus réfléchi d'une commission déléguée par son Excellence. Il faut, certes, avoir grand envie de se venger d'un officier qui n'a jamais eu d'autre tort envers eux que d'avoir été détaché d'une manufacture, où il était fort tranquille, pour aller faire partie d'une commission désignée pour les mettre d'accord. J'ai écrit à M. général Gassendi; je lui ai exposé ma conduite à Maubeuge sans chercher à prolonger ma justification. Je crois avoir prouvé que je ne méritais pas tous les reproches qu'on me faisait, mais je crois aussi avoir laissé apercevoir tout le chagrin que j'éprouvais de me voir accuser de négligence, lorsque j'ai, pendant plus de quinze mois, donné quinze heures par jour à mon service, et lui ai consacré toutes mes pensées, toutes mes facultés ! Comment J..., qui disait dans les premiers jours de janvier : « Je n'ai eu à faire aucun changement à Maubeuge, parce que j'ai trouvé tout sur le meilleur pied, » comment a-t-il pu trouver tout mauvais en mars ? (Nollet.)

## NOTE X, page 38.

*Vêpres siciliennes*, nom donné au massacre qui éclata en Sicile, sous Charles d'Anjou, en 1282; le nom de *Vêpres siciliennes* fut donné à cette affreuse boucherie, parce qu'elle commença à l'heure des vêpres, au moment où les cloches appelaient les fidèles à l'église. Excités par Jean de Procida, les Siciliens, mécontents de la domination française, égorgèrent tous nos compatriotes. Huit mille Français périrent, un seul fut sauvé ; son nom mérite d'être conservé dans l'histoire, c'était Guillemin Desporcelets.

Casimir Delavigne a fait sur les Vêpres siciliennes une de ses plus belles tragédies.

## NOTE XI, page 42.

Sommo-Sierra n'est qu'un petit bourg, près de la chaîne de montagne du même nom, dans la Vieille-Castille. Dans ce défilé, les Espagnols furent vaincus après de sanglants combats, en 1809.

### NOTE XII, page 52.

Un des regrets de Napoléon fut de n'avoir pas assez exprimé dans ses bulletins, toute la part qui revenait à Drouot dans la grande bataille de Wagram ; mais ce soldat chrétien était si modeste, qu'il se cachait toujours derrière de plus haut placés que lui, ce qui l'empêcha souvent de paraître à son rang.

### NOTE XIII, page 84.

Larrey (Jean-Dominique baron), le plus célèbre chirurgien de cette famille, né, en 1766, à Baudéan (Hautes-Pyrénées). Il obtint à Paris, au concours, la place de second chirurgien interne aux Invalides, fut employé en 1792, comme chirurgien aide-major, à l'armée du Rhin. En 1794, il eut la direction du service chirurgical de l'armée des Pyrénées-Orientales, et l'année suivante, fut nommé professeur à l'hôpital du Val de Grâce. Bonaparte l'appela bientôt après à l'armée d'Italie, pour y établir des ambulances. Il fit partie de l'expédition d'Égypte et fit toutes les guerres de l'Empire ; mais son plus beau titre de gloire fut le dévouement qu'il déploya pendant la désastreuse campagne de Russie. Le premier, il donna l'exemple d'enlever les blessés sous le feu de l'ennemi, et fut lui-même atteint plusieurs fois, entre autres à Waterloo, où il tomba entre les mains de l'ennemi.

La Restauration lui conserva les honneurs et les grades qu'il devait à ses services et à ses talents. Nommé chirurgien consultant de la maison du roi, il fut l'un des premiers membres de l'Académie de médecine à sa réorganisation. Larrey mourut à Paris, le 25 juillet 1842, après avoir demandé et reçut les secours de la religion.

### NOTE XIV, page 85.

#### Lettre de Drouot.

« J'ai été surpris de ma nomination ; j'étais heureux dans le grade de colonel ; je ne désirais pas aller au delà, je suis affligé de mon changement d'état.

» Nous avons fait une campagne bien pénible, j'ai eu la douleur de voir périr de froid et de misère le plus grand nombre de mes canonniers, et de voir détruire un corps qui faisait l'admiration de toute le monde. Je n'ai pas eu trop à souffrir moi-même, et je me suis constamment très bien porté, aussi je suis en état de rentrer en campagne. »

## NOTE XV, page 99.

### Lettre de Drouot au général Evain.

» Dresde, 13 septembre 1813.

» L'empereur a daigné me nommer, le 3 septembre, général de division. Par un autre décret daté du même jour, Sa Majesté m'a nommé aide-major de la garde, en remplacement du comte de Lobau, nommé commandant du premier corps. Dieu veuille que je remplisse bien les fonctions importantes dont je suis chargé. Le zèle et le dévouement à l'empereur ne manqueront pas ; mais cela suffira-t-il ?

» J'ai un service important à vous demander. J'aime l'artillerie de tout mon cœur ; gardez-vous bien de cesser de me porter sur l'état du corps ; mon plus grand honneur sera d'appartenir toujours à l'artillerie. » *(Extrait de* J. Nollet.)

## NOTE XVI, page 113.

### Proclamation des alliés.

« Français !

» La victoire a conduit les armées alliées sur votre frontière ; elles vont la franchir.

» Nous ne faisons pas la guerre à la France ; mais nous repoussons loin de nous le joug que votre gouvernement voulait imposer à notre pays, qui ont les mêmes droits à l'indépendance et au bonheur que le vôtre.

» Magistrats, propriétaires, cultivateurs, restez chez vous : le maintien de l'ordre public, le respect pour les propriétés particulières, la discipline la plus sévère, marqueront le passage des armées alliées. Elles ne sont animées de nul esprit de vengeance, elles ne veulent point rendre les maux sans nombre, dont la France, depuis vingt ans, a accablé ses voisins et les contrées les plus éloignées. D'autres principes et d'autres vues que celles qui ont conduit vos armées chez nous président aux conseils des monarques alliés.

» Leur gloire sera d'avoir amené la fin la plus prompte des malheurs de l'Europe. La seule conquête qu'ils envient est celle de la paix; pour la France et pour l'Europe entière, un véritable état de repos. Nous espérions le trouver sans toucher au territoire français; nous allons l'y chercher. »

(Thiers, *Consulat et Empire, tome XVII*e)

## NOTE XVII, page 128.

**Copie de la lettre du général Drouot, dont le fac simile se trouve en tête de l'ouvrage de M. Nollet.**

« Fontainebleau, 11 avril 1814.

» Mon cher Evain,

» Je pars avec le regret de ne vous avoir point fait mes adieux. Destiné à ne plus nous revoir, il eût été bien doux pour moi de pouvoir vous embrasser, et vous renouveler les assurances d'une éternelle amitié.

» J'accompagne Sa Majesté à l'île d'Elbe, et je ne quitte point dans l'adversité le souverain que j'ai aimé et bien servi dans la prospérité. Je renonce à ma patrie, à ma famille et à mes affections les plus chères; le sacrifice eut été mille fois plus grand si j'avais renoncé à la reconnaissance, etc., etc. »

## NOTE XVIII, page 137.

La petite flottille se composait du brick de guerre l'*Inconstant*, de vingt-six canons, les bombardes l'*Étoile* et la *Caroline* (d'après Nollet), et d'après M. A. de Beauchamp, l'*Émile* et la *Caroline*, un brick marchand, deux transports et une felouque, en tout, sept bâtiments ayant à bord neuf cents soldats et quatre pièces de campagne.

## NOTE XIX, page 140.

### Première proclamation de Napoléon à l'armée.

« Mars, 1815.

» Soldats !

» Nous n'avons pas été vaincus : deux hommes, sortis de nos rangs, ont trahi nos lauriers, leur pays, leur prince, leur bienfaiteur.

» Ceux que nous avons vus, pendant vingt-cinq ans, parcourir toute l'Europe pour nous susciter des ennemis, qui ont passé leur vie à combattre contre nous, dans les rangs des armées étrangères, en maudissant notre belle France, prétendraient-ils commander et enchaîner nos aigles, eux qui n'ont jamais pu en soutenir les regards ? Souffrirons-nous qu'ils héritent du fruit de nos travaux, qu'ils s'emparent de nos honneurs, de nos biens, qu'ils calomnient notre gloire ? Si leur règne durait, tout serait perdu, même le souvenir de nos plus immortelles journées !

» Votre général, appelé au trône par le choix du peuple, et élevé sur vos pavois, vous est rendu : venez le rejoindre.

» Arrachez ces couleurs que la nation a proscrites, et qui, pendant vingt-cinq ans, servirent de ralliement à tous les ennemis de la France. Arborez cette cocarde tricolore que vous portiez dans nos grandes journées. Nous devons oublier que nous avons été les maîtres des nations ; mais nous ne devons pas souffrir qu'aucune se mêle de nos affaires. Qui prétendrait être maître chez nous ? Qui en aurait le pouvoir ? Reprenez ces aigles que vous aviez à Ulm, à Austerlitz, à Iéna, à Eylau, à Friedland, à Tudela, à Eckmühl, à Essling, à Wagram, à Smolensk, à la Moskowa, à Lutzen, à Wurtchen, à Montmirail.... Venez vous ranger sous les drapeaux de votre chef ; son existence ne se compose que de la vôtre ; ses droits ne sont que ceux du peuple et les vôtres ; son intérêt, son honneur, sa gloire, ne sont autres que votre intérêt, votre honneur, votre gloire.

» La victoire marchera au pas de charge; *l'aigle, avec les couleurs nationales*, *volera de clocher en clocher jusqu'aux tours Notre-Dame.*

» Alors vous pourrez montrer avec honneur vos cicatrices; alors vous pourrez vous vanter de ce que vous aurez fait; vous serez les libérateurs de la Patrie! »

## NOTE XX, page 140.

### Deuxième proclamation de Napoléon.

Conçue dans le même esprit, elle était beaucoup plus violente, et lorsqu'elle fut présentée au général Drouot, pendant son procès, il déclara que celle qu'il avait signée ne contenait aucune responsabilité; du reste, on connaît trop le caractère du général, pour ne pas en être certain. Il est fort probable que le texte en a été falsifié dans l'une des imprimeries où elle fut donnée *(Général Ambert)*.; la voici telle que nous la trouvons dans J. Nollet :

« Soldats et camarades, nous vous avons conservé votre empereur, malgré les nombreuses embûches qu'on lui a tendues; nous vous le ramenons au travers des mers, au milieu de mille dangers. Nous avons abordé sur la terre sacrée de la patrie, avec la cocarde nationale et l'aigle impériale. Foulez aux pieds la cocarde blanche, elle est le signe de la honte et du joug imposé par l'étranger et la trahison. Nous aurions inutilement versé notre sang si nous souffrions que les vaincus nous donnassent la loi!

» Depuis le peu de mois que les Bourbons règnent, ils vous ont convaincus qu'ils n'ont rien oublié ni rien appris; ils sont toujours gouvernés par les préjugés, ennemis de nos droits et de ceux du peuple.

» Ceux qui ont porté les armes contre leur pays, contre nous, sont des héros! Vous êtes des rebelles à qui l'ont veut bien pardonner jusqu'à ce que l'on soit assez consolidé par la *formation* d'un corps d'armée d'émigrés, par l'introduction à Paris d'une garde suisse et par le remplacement successif de nouveaux officiers dans vos rangs. Alors il faudra avoir porté les armes contre sa patrie, pour pouvoir prétendre aux honneurs et aux récompenses; il faudra avoir une naissance conforme à leurs préjugés pour être officier; le soldat devra toujours être soldat; le peuple aura les charges, et eux les honneurs.

» En attendant le moment où ils oseraient détruire la Légion d'honneur, ils l'ont donnée à tous les traîtres, et l'ont prodiguée pour l'avilir; ils lui ont ôté toutes les prérogatives politiques que nous avions gagnées au prix de notre sang.

» Les quatre cent millions du domaine extraordinaire, sur lesquels étaient assignées nos dotations, qui étaient le patrimoine de l'armée et le prix de nos succès, ils se les sont appropriés.

» Soldats de la grande nation, soldats du grand Napoléon, consentirez-vous à l'être d'un prince qui, vingt ans, fut l'ennemi de la France, et qui se vante de devoir son trône à un prince régent d'Angleterre ?

» Tout ce qui a été fait sans le consentement du peuple et le nôtre et sans nous avoir consulté, est illégitime.

» Soldats, officiers en retraite, vétérans de nos armées, venez avec nous conquérir le trône, palladium de nos droits, et que la prospérité dise un jour :

» Les étrangers, secondés par les traîtres, avaient imposé un joug honteux à la France; les braves se sont levés, et les ennemis du peuple, de l'armée, ont disparu et sont rentrés dans le néant!

» Soldats, la générale bat; nous marchons, courez aux armes! Venez, venez nous rejoindre, joindre notre empereur et nos aigles tricolores. »

## NOTE XXI, page 149.

### Formule de la deuxième abdication.

« Français,

» En commençant la guerre pour soutenir l'indépendance nationale, je comptais sur la réunion de tous les efforts, de toutes les volontés et le concours de toutes les autorités nationales :

j'étais fondé à en espérer le succès, et j'avais bravé les déclarations des puissances contre moi.

» Les circonstances me paraissent changées, je m'offre en sacrifice a la haine des ennemis de la France. Puissent-ils être sincères dans leurs déclarations, et n'en avoir réellement voulu qu'à ma personne! Ma vie politique est terminée, et je proclame mon fils, sous le titre de Napoléon II, empereur des Français.

» Les ministres actuels formeront provisoirement le conseil du gouvernement. L'intérêt que je porte à mon fils m'engage à inviter les Chambres à organiser sans délai la régence par une loi.

» Unissez-vous tous pour le salut public et pour rester une nation indépendante.

» NAPOLÉON. »

(Thiers, *le Consulat et l'empire.*)

## NOTE XXII, page 149.

**Discours du général Drouot à la Chambre des pairs.**

« Messieurs, mon service ne m'ayant pas permis de me trouver hier matin à la séance de la Chambre des pairs, je n'ai pu connaître que par les journaux les discours qui ont été prononcés dans cette séance. J'ai vu avec chagrin ce qui a été dit pour obscurcir la gloire de nos armes, exagérer nos désastres et diminuer nos ressources. Mon étonnement a été d'autant plus grand que ces discours étaient prononcés par un général distingué qui, par sa grande valeur et ses connaissances militaires, a tant de fois mérité la reconnaissance de la nation. J'ai cru m'apercevoir que l'intention du maréchal Ney avait été mal comprise, que sa pensée avait été mal saisie. L'entretien que j'ai eu avec lui, ce matin, m'a convaincu que je ne m'étais pas trompé.

» Je vous prie, Messieurs, de me permettre de vous exposer en peu de mots ce qui s'est passé dans cette trop courte et trop malheureuse campagne.

» Je dirai ce que je pense, ce que je crains, ce que j'espère. Vous pouvez compter sur ma franchise. Mon attachement à l'empereur ne peut être douteux; mais avant tout et par-dessus tout j'aime ma patrie. Je suis amant enthousiaste de la gloire nationale, et aucune affection ne pourra jamais me faire trahir la vérité.

» L'armée française a franchi la frontière le 15 juin. Elle était composée de plusieurs corps de cavalerie, de cinq corps d'infanterie et de la garde impériale. Les cinq corps d'infanterie étaient commandés : le premier, par le comte d'Erlon ; le second, par le comte Reille ; le troisième, par le comte Vandamme ; le quatrième, par le comte Gérard (1) ; le sixième, par le comte de Lobau.

» L'armée rencontra quelques troupes légères en deçà de la Sambre, les culbuta et leur prit quatre ou cinq cents hommes ; elle passa ensuite la rivière, le premier et le deuxième corps à Marchiennes-Aupont, le reste de l'armée à Charleroi.

» Le sixième corps, qui était resté en arrière, n'effectua le passage que le lendemain.

» L'armée se porta en avant de Charleroi sur la route de Fleurus. Le corps de Vandamme attaqua, vers quatre ou cinq heures du soir, une division ennemie qui paraissait forte de huit à dix mille hommes, infanterie et cavalerie, soutenue par quelques pièces de canon et qui se tenait à cheval sur la route de Fleurus.

» Cette division fut enfoncée, ses carrés d'infanterie furent culbutés par notre cavalerie ; l'un d'eux fut entièrement passé au fil de l'épée.

» Dans une des charges de cavalerie, la France perdit mon brave et estimable camarade, le général Letort, aide de camp de l'empereur. »

(En prononçant ces mots, la voix de l'orateur devient tremblante ; il s'arrête un instant, et des larmes mouillent ses yeux).

« Nos avant-postes se portèrent sur Fleurus. Le lendemain matin, l'armée française entra dans la plaine de Fleurus, que, vingt et un ans auparavant, nous avions illustrée par les plus beaux faits d'armes. L'armée ennemie paraissait en amphithéâtre sur un coteau, derrière les villages de Saint-Amand et de Ligny. La droite paraissait s'étendre peu au delà de Saint-Amand ; la gauche se prolongeait sensiblement peu au delà de Ligny.

» Vers midi, le troisième corps d'infanterie, soutenu par son artillerie, attaque le village Saint-Amand, s'empare du bois qui précède le village et pénètre jusqu'aux premières maisons.

» Bientôt il est ramené vigoureusement. Soutenu par des nou-

(1) Le cinquième corps, commandé par le comte Rapp, était en Alsace.

velles batteries, il recommence l'attaque, et, après plusieurs tentatives très opiniâtres, il finit par rester maître du bois et du village, qu'il trouve rempli de morts et de blessés prussiens.

» Pendant ce temps, le quatrième corps attaquait le village de Ligny; il y trouva beaucoup de résistance, mais l'attaque fut dirigée et soutenue avec beaucoup d'opiniâtreté.

» Des batteries occupaient tout l'intervalle des deux villages pour combattre l'artillerie que l'ennemi avait placée au pied et sur le penchant du coteau.

» Je voyais avec complaisance se prolonger cette canonnade, qui était tout à notre avantage. Les troupes destinées à protéger nos batteries, étant éloignées et masquées par la sinuosité du terrain, se trouvaient à l'abri du danger. Celles de l'ennemi, au contraire, disposées par masses et en amphithéâtre derrière ces batteries, éprouvaient les plus grands dommages.

» Il paraît que l'intention de l'empereur était de porter cette réserve au delà du ravin et sur la position de l'ennemi, aussitôt que nous serions maîtres entièrement du village de Ligny.

» Cette manœuvre isolait entièrement la gauche des Prussiens et la mettait à notre discrétion. Le moment de l'exécuter était arrivé entre quatre et cinq heures, lorsque l'empereur fut informé que le maréchal Ney, qui se trouvait loin de notre gauche, à la tête du premier et du deuxième corps, avait en tête des forces anglaises très considérables ; il avait besoin d'être soutenu. Sa Majesté ordonna que huit bataillons de chasseurs de la vieille garde et une grande partie des réserves de l'artillerie se portassent à la gauche du village de Saint-Amand, au secours des deux premiers corps ; mais bientôt on reconnut que ce renfort n'était pas nécessaire, et il fut rappelé sur le village de Ligny, par lequel l'armée devait déboucher. Les grenadiers de la garde traversèrent le village, culbutèrent l'ennemi à la nuit, et l'armée, chantant l'*Hymne de la Victoire*, prit position au delà du ravin, sur le champ qu'elle venait d'illustrer par les plus beaux faits d'armes.

» J'ignore quels sont les autres trophées qui signalèrent cette grande journée, mais ceux que je connais sont plusieurs drapeaux et vingt-quatre pièces ennemies rassemblées sur le même point.

» Dans aucune circonstance je n'ai vu les troupes françaises combattre avec un plus noble enthousiasme; leur élan, leur valeur faisaient concevoir les plus grandes espérances. Le lendemain matin, j'ai parcouru le champ de bataille, je l'ai vu couvert de morts et de blessés ennemis. L'empereur fit donner des secours et des consolations à ces derniers. Il laissa sur le terrain des officiers et des troupes chargés spécialement de les recueillir.

» Les paysans emportaient les Français blessés avec le plus grand soin; ils s'empressaient de leur apporter des secours; mais on était forcé d'employer les menaces pour les obliger d'enlever les Prussiens, auxquels ils paraissaient porter beaucoup de haine.

» D'après les rapports de reconnaissances, on apprit qu'après la bataille l'armée ennemie s'était partagée en deux; que les Anglais prenaient la route de Bruxelles; que les Prussiens se dirigeaient vers la Meuse. Le maréchal Grouchy, à la tête d'un gros corps de cavalerie, des deuxième et troisième corps d'infanterie, fut chargé de poursuivre ces derniers. L'empereur suivit la route des Anglais avec les premier, deuxième, sixième corps et la garde impériale.

» Le premier corps, qui était en tête, attaqua et culbuta plusieurs fois l'arrière-garde ennemie et la suivit jusqu'à la nuit, qu'elle prit position sur le plateau en arrière du village de Mont-Saint-Jean, sa droite s'étendant vers le village de Braine, et sa gauche se prolongeant indéfiniment dans la direction de Wavres; l faisait un temps affreux. Tout le monde était persuadé que l'ennemi prenait position pour donner à ses convois et à ses parcs le temps de traverser la forêt de Soignes, et que lui-même exécuterait le même mouvement à la pointe du jour.

» Au jour, l'ennemi fut reconnu dans la même position. Il faisait un temps effroyable, et qui avait tellement dénaturé les chemins qu'il était impossible de manœuvrer avec l'artillerie dans la campagne. Vers neuf heures, le temps s'éleva, le vent sécha un peu la campagne, et l'ordre d'attaquer à midi fut donné par l'empereur.

» Fallait-il attaquer l'ennemi en position, avec des troupes fatiguées par plusieurs jours de marches, une grande bataille et des combats? ou bien fallait-il leur donner le temps de se remettre de leurs fatigues et laisser l'ennemi se retirer tranquillement sur Bruxelles?

» Si nous avions été heureux, tous les militaires auraient déclaré que c'eût été une faute impardonnable de ne pas poursuivre une armée en retraite, lorsqu'elle n'était plus qu'à quatre lieues de sa capitale, où nous étions appelés par de nombreux partisans.

» La fortune trahit nos efforts, et alors on regarde comme une grande imprudence d'avoir livré la bataille.

» La postérité plus juste prononcera.

» Le deuxième corps commença l'attaque à midi, le 15. La division commandée par le prince Jérôme attaqua le bois qui était placé en avant de la droite de l'ennemi. Elle s'en empara d'abord, en fut repoussée, et n'en resta entièrement maîtresse qu'après plusieurs heures de combat opiniâtre.

» Le premier corps, dont la gauche était appuyée à la grande route, attaquait en même temps les maisons de Mont-Saint-Jean, s'y établissait, et se portait jusque sur les positions de l'ennemi. Le maréchal Ney, qui commandait les deux corps, se tenait de sa personne sur la grande route pour diriger les mouvements, suivant les circonstances.

» Le maréchal me dit, pendant la bataille, qu'il allait faire un grand effort sur le centre de l'ennemi, pendant que la cavalerie ramasserait les pièces qui paraissaient mal soutenues. Il me dit plusieurs fois, lorsque j'allais lui porter des ordres, pendant la bataille, que nous allions remporter une grande victoire.

» Cependant le corps prussien, qui s'était joint à la gauche des Anglais, se mit en potence sur notre flanc droit, et commença à l'attaquer vers cinq heures et demie du soir. Le sixième corps, qui n'avait pas pris part à la bataille du 16, fut disposé pour lui faire face, et fut soutenu par une division de la jeune garde et quelques bataillons de la garde. Vers sept heures, on entendit dans le lointain, vers notre droite, un feu d'artillerie et de mousqueterie. On ne douta pas que le maréchal Grouchy n'eût suivi le mouvement des Prussiens, et ne vînt prendre part à la victoire. Des cris de joie se font entendre sur toute notre ligne. Les troupes, fatiguées par huit heures de combat, reprennent vigueur et font de nouveaux efforts. L'empereur regarde cet instant comme décisif; il porte en avant toute sa garde, ordonne à quatre bataillons de passer près du village de Mont-Saint-Jean, de se porter sur la position ennemie et d'enlever à la baïonnette tout ce qui résisterait. La cavalerie de la garde et tout ce qui restait de cavalerie sous la main seconda le mouvement. Les quatre bataillons, en arrivant sur le plateau, sont accueillis par le feu le plus terrible de mousqueterie et de mitraille. Le grand nombre de blessés qui s'en détachent fait croire que la garde est en déroute. Une terreur panique se communique aux corps voisins, qui prennent la fuite avec précipitation. La cavalerie ennemie, qui s'aperçoit de ce désordre, est lâchée dans la plaine; elle est contenue pendant quelque temps par les douze bataillons de vieille garde qui n'avaient point encore donné, et qui, entraînés eux-mêmes par ce mouvement inexplicable, suivent, mais en ordre, la marche des fuyards.

» Toutes les voitures d'artillerie se précipitent sur la grande route; bientôt elles s'y accumulent tellement qu'il est impossible de les faire marcher. Elles sont la plupart abandonnées sur le chemin et dételées par les soldats, qui en emmènent les chevaux.

« Tout se précipita vers le pont de Charleroi et celui de Marchiennes, d'où les débris furent dirigés par Philippeville et Avesnes.

» Tel est l'exposé de cette funeste journée; elle devait mettre le comble à la gloire de l'armée française, détruire les espérances de l'ennemi et peut-être donner très prochainement à la France la paix si désirée; mais le Ciel en a décidé autrement; il a voulu qu'après tant de catastrophes notre malheureuse patrie fût encore une fois exposée aux ravages des étrangers....

» Quoique nos pertes soient considérables, notre position n'est cependant pas désespérée; les ressources qui nous restent sont bien grandes, si nous voulons les employer avec énergie.

» Le corps commandé par le maréchal Grouchy, composé des troisième et quatrième corps d'infanterie, et d'un grand corps de cavalerie, vient d'effectuer sa retraite par Namur; il est rentré en France par Givet et Rocroy; son matériel est intact. Les débris des corps battus à Mont-Saint-Jean forment déjà une masse respectable, qui augmente de jour en jour.

» Le ministre de la guerre a annoncé aux Chambres qu'on pourrait disposer de vingt à vingt-cinq mille hommes pris dans les dépôts.

» Les mesures prises par les Chambres pour appeler à la défense de la patrie tous les hommes en état de porter les armes, donneront bientôt un grand nombre de bataillons, si l'on presse avec toute l'activité possible la levée, l'embrigadement et les formations de ces bataillons.

» La perte de notre matériel peut être facilement réparée; nous avons à Paris trois cents pièces de bataille avec leur approvisionnement : la moitié de ces pièces suffit pour remplacer celles que nous avons perdues ; il suffit que les Chambres prennent sans délai des mesures pour avoir des chevaux et des conducteurs, ce qui, dans une ville comme Paris, peut être effectué en vingt-quatre heures.

» Je ne puis assez le répéter à la Chambre : la dernière catastrophe ne doit pas décourager une nation grande et noble comme la nôtre. Si nous déployons dans ces circonstances critiques toute l'énergie nécessaire, ce dernier malheur ne fera que relever notre gloire : et quel est le sacrifice qui coûterait aux vrais amis de la patrie, dans un moment où le souverain que nous avons proclamé naguère, que nous avons revêtu de toute notre confiance, vient de faire le plus grand, le plus noble de tous les sacrifices (l'abdication)?

» Après la bataille de Cannes, le sénat romain vota des remerciements au général vaincu, parce qu'il n'avait pas désespéré du salut de la république, et s'occupa sans relâche de lui donner les moyens de réparer les désastres qu'il avait occasionnés par son entêtement et ses mauvaises dispositions.

» Dans une circonstance infiniment moins critique, les représentants de la nation se laisseront-ils abattre, et oublieront-ils les dangers de la patrie pour s'occuper de discussions intempestives, au lieu de recourir au remède qui assurerait le salut de la France? »

## NOTE XXIII, page 156.

### Déposition du duc de Tarente.

« J'arrivai à Bourges pour prendre le commandement de l'armée de la Loire à l'époque où le général Drouot, frappé par l'ordonnance du 24 juillet, quittait celui de la garde pour se constituer volontairement prisonnier.

» J'appris que cette garde, pleine de confiance dans son commandant, s'était abandonnée à la sagesse de ses conseils et à sa direction, au moment très critique de la capitulation du 3 juillet, et que, cet exemple salutaire entraînant l'armée, Paris fut préservé des événements désastreux dont il était menacé.

» La garde ayant été conduite au delà de la Loire, le général Drouot, par ses soins assidus et sa fermeté, la maintint dans la plus sévère discipline, et, par son exemple et ses bons conseils, l'a ralliée et franchement soumise à l'obéissance au roi.

» Le général a calmé les têtes exaltées, et en a écarté de dangereuses qui auraient pu égarer cette garde de nouveau et la porter à des excès dont les suites eussent été incalculables et terribles pour la France.

» Une si heureuse influence, si utilement appliquée à cette garde pour la cause de Sa Majesté et de la patrie, a décidé l'armée à la soumission. Cette conduite a ainsi préservé cette partie de la France de l'invasion étrangère, des plus grands malheurs, et sauvé cette armée de ses propres erreurs.

» La vérité me fait un devoir de déclarer hautement ici que c'est à cette bonne direction donnée aux esprits par les chefs de l'armée, que c'est à cet exemple donné par la garde sous l'influence du général Drouot, qu'est due la résignation de l'armée à subir le licenciement général que j'ai été chargé d'opérer.

» Le général Drouot est si généralement connu et estimé, que je suis dispensé de faire valoir ses mérites militaires; je ne pourrais en parler d'ailleurs sans blesser sa modestie. »

## NOTE XXIV, page 157.

### Interrogatoire du général Drouot les 2, 9, 20 et 22 décembre 1815, 30, janvier et 7 février 1816 (1)

« *D*. En relations continuelles avec Napoléon et jouissant de sa confiance, vous avez dû avoir connaissance de sa correspondance en France et de ses intelligences avec les Français ennemis du roi, enfin de la conspiration qui avait pour but de rappeler Napoléon et de le faire remonter sur le trône de France au détriment du légitime souverain?

» *R*. Je n'ai aucune connaissance d'une correspondance de Napoléon avec la France, je n'ai connu aucune conspiration pour le rétablissement de Napoléon; les raisons suivantes me semblent prouver qu'il n'en a pas existé :

(1) Voir le procès, imprimé à Paris en 1816. (Lhuillier, Pillet, Delaunay, libraires.)

» 1° Je vivais dans l'île d'Elbe avec Napoléon; je le voyais beaucoup; je mangeais avec lui; je l'accompagnais dans ses promenades. Il m'a quelquefois entretenu des événements politiques, jamais il ne m'a parlé de correspondance avec la France, ni de la conspiration qui aurait eu pour but son rétablissement; je crois qu'il ne m'aurait pas caché cette conspiration si elle avait existé.

» 2° Napoléon, ne recevant pas les deux millions qui devaient lui être payés d'après le traité du 11 avril, me dit qu'il se trouvait dans la nécessité de congédier une partie de sa garde. Plusieurs villes étrangères lui ont fait des offres d'argent; il aurait sans doute accepté ces offres s'il avait travaillé à remonter sur le trône de France; il aurait mieux aimé emprunter quelques centaines de mille francs que de congédier des hommes qui lui avaient donné de si grandes preuves d'attachement, et qui pouvaient lui être utiles pour l'entreprise qu'il aurait alors méditée.

» 3° Lorsque Napoléon me parla du projet de rentrer en France, je ne doutai point qu'il ne fût d'accord avec quelques puissances étrangères et qu'un parti nombreux ne lui eût proposé les moyens d'arriver jusqu'à Paris. La suite prouve qu'aucune puissance n'avait connu le projet de Napoléon, et qu'aucune conspiration ne devait lui préparer les moyens de réussir.

» J'ai reçu depuis le 20 mars les visites d'un grand nombre d'hommes de tous rangs, de tous grades, qui, me croyant en grand crédit, me parlèrent de leur dévouement à Napoléon, des vœux qu'ils avaient faits pour son retour; si quelqu'un avait conspiré pour aider et accélérer ce retour, certainement il s'en serait flatté à l'époque où il espérait en recevoir la récompense. Personne ne m'a parlé de conspiration dont il aurait eu connaissance, ou à laquelle il aurait pris part.

» Ces raisons me paraissent prouver d'une manière évidente que Napoléon n'avait pas formé le projet de rentrer en France, qu'il n'avait connaissance d'aucune conspiration qui tendît à renverser le gouvernement du roi. Je pourrais à ces raisons joindre quelques autres preuves : par exemple, jusqu'aux derniers jours, Napoléon m'engagea à me marier à l'île d'Elbe, il m'avoua qu'il désirait me conserver toujours près de lui. Il tenait à me voir contracter des liens qui m'attacheraient pour toujours à cette île; il n'avait donc pas l'intention de la quitter.

» *D*. La lettre que vous avez écrite au ministre de la guerre postérieurement au traité du 11 avril, en annonçant votre résolution de partir pour l'île d'Elbe, n'annonçait-elle pas aussi que vous continuiez à vous considérer comme sujet français?

» *R*. Cette lettre ne renfermait aucune expression dont on pût induire que je continuais à me considérer comme sujet français, aucun engagement que je n'eusse respecté depuis. A l'époque où cette lettre fut écrite, j'avais encore un commandement dans l'armée; on n'avait pas encore pourvu à mon remplacement, et je devais, jusqu'à mon remplacement, me soumettre au gouvernement que la France reconnaissait.

» Des motifs indépendants du traité m'ont déterminé d'ailleurs à écrire cette lettre, qui devenait importante et nécessaire pour la tranquillité du gouvernement provisoire.

» La garde était réunie à Fontainebleau autour de Napoléon; elle ne recevait d'ordres que ceux que je lui transmettais en ma qualité d'aide-major. Il était essentiel d'ôter au gouvernement l'inquiétude que pouvait lui donner un corps de troupes si nombreux, si formidable, et commandé par un général qui montrait tant de dévouement à Napoléon. Cette considération m'a engagé à prévenir le ministre de la guerre que je donnais mon adhésion au gouvernement provisoire, en même temps que je lui annonçais ma résolution de profiter du traité du 11 avril pour suivre Napoléon à l'île d'Elbe.

» *D*. Quelles ont été vos fonctions, quelle a été votre conduite depuis le 20 mars jusqu'à la seconde abdication de Napoléon?

» *R*. Depuis le 20 mars jusqu'à la seconde abdication, j'ai conservé la place d'aide de camp de Napoléon et celle d'aide-major de la garde. Je n'ai reçu ni grades ni décorations; Napoléon savait que je ne voulais ni honneurs ni richesses, et que j'aspirais après le moment où je pourrais rentrer dans l'obscurité et consacrer mon temps à l'étude et à la retraite.

» *D*. Dans cette lettre (1) vous annoncez qu'éloigné de votre patrie vous ne cesserez de former des vœux pour son bonheur et qu'elle vous trouvera toujours prêt à venir vous ranger parmi ses

(1) Lettre, transcrite plus haut, du comte Drouot à S. E. le ministre de la guerre.

défenseurs ; vous vous êtes donc toujours considéré comme Français ?

» *R*. Dans aucune circonstance, l'amour du pays où je suis né ne s'est éteint dans mon cœur. Ce sentiment est né avec moi, il mourra avec moi. Quoique je fusse engagé au service d'un souverain étranger, je n'ai pas pour cela cessé d'aimer mon ancienne patrie et de faire des vœux pour elle.

» Sans doute si la France avait eu des ennemis à combattre, j'aurais prié mon souverain de me permettre de quitter l'île d'Elbe pour quelques années, de prendre rang parmi les soldats français, de verser de nouveau mon sang pour la France.

» Mais ces vœux, que je m'honore d'avoir toujours faits, ne me constituaient pas citoyen français et ne me dispensaient point de mes devoirs envers le souverain que je servais, jusqu'au moment où celui-ci m'aurait dégagé des serments qui me liaient à lui. »

Puis le rapporteur, le chef de bataillon Delon, ayant passé brièvement en revue les causes qui avaient suscité le procès fait à l'ancien aide de camp de l'empereur, terminait ainsi son rapport :

« Si nous avons le moindre doute sur l'innocence morale de Monsieur le général Drouot, ne serait-il pas entièrement dissipé par la déclaration de Son Excellence le maréchal duc de Tarente, lorsque cet homme d'honneur, ce preux et loyal chevalier, ce fidèle et dévoué sujet vient attester devant Dieu et la justice, la moralité, la bonne conduite, et, disons-le, Messieurs, en nous servant des propres expressions du maréchal, les services éminents rendus au roi et à la France par le général Drouot? Quel est le tribunal, quel est le juge qui, après une pareille déclaration, pourrait condamner ce général, pourrait le marquer du sceau de l'infamie et de la réprobation en le déclarant sujet rebelle et soldat traître à son roi et à sa patrie? Ne serait-il pas à craindre qu'un pareil jugement ne fût une tache ineffaçable dont l'histoire et la postérité feraient justice!

» Je conclus, en conséquence, à ce que le lieutenant-général comte Drouot soit déclaré :

» 1° Non coupable d'avoir trahi le roi avant le 20 mars;

» 2° Non coupable d'avoir attaqué la France et le gouvernement à main armée ;

» 3° Non coupable de s'être emparé du pouvoir par violence, lesdits délits spécifiés dans l'article premier de l'ordonnance de Sa Majesté du 24 juillet dernier. »

M. le rapporteur ayant cessé de parler, le général Drouot se leva et prononça le discours suivant :

« Messieurs, mes moyens de défense sont renfermés dans les interrogatoires que m'a fait subir Monsieur le rapporteur du conseil : j'ai fait connaître quelle part j'ai prise aux événements qui ont précédé le 20 mars, et j'ai répondu à toutes les objections qui m'ont été faites, plein de confiance dans la justice et l'impartialité de mes juges. Je me bornerai à leur rappeler la conduite que j'ai tenue dans les dernières circonstances ; j'exposerai les faits avec simplicité, avec franchise ; habitué à chercher la gloire au milieu des plus grands dangers, je ne déshonorerai point par la dissimulation une vie honorable et loyale.

» Lorsque Napoléon abdiqua l'empire en 1814, j'étais attaché à sa personne en qualité d'aide de camp ; j'étais en outre aide-major de la garde. Napoléon m'avait attaché à lui dans sa prospérité ; il m'avait témoigné de la confiance ; je me suis fait un devoir de ne pas l'abandonner dans l'adversité, et mon attachement pour lui a augmenté avec la mauvaise fortune. Le traité du 11 avril 1814 ayant accordé à Napoléon la souveraineté de l'île d'Elbe avec le titre d'empereur et l'autorisation d'emmener avec lui quatre cents hommes de ses troupes, j'ai profité de cette autorisation pour suivre le souverain qui m'avait comblé de bienfaits. Pour lui prouver ma fidélité et ma reconnaissance, j'ai renoncé aux avantages et aux espérances que m'offrait ma patrie, j'ai renoncé à ce que j'avais de plus cher au monde, au titre de citoyen français. Jusqu'au 20 avril, j'ai conservé un commandement dans l'armée française, et j'ai continué à remplir les fonctions d'aide-major de la garde ; en cette qualité, j'ai reconnu le gouvernement provisoire auquel toute l'armée avait donné son adhésion. Le 20 avril, j'ai renoncé à mes fonctions, et libre de tous mes devoirs envers mon pays, je l'ai quitté sans espoir de retour, décidé à consacrer le reste de mes jours au service du souverain dont je partageais le sort.

» En arrivant à l'île d'Elbe, Napoléon me nomma de suite

gouverneur de l'île, et me chargea d'en prendre possession en son nom. Ces fonctions conférées par un souverain étranger me faisaient perdre le titre de Français et m'imposaient de nouveaux devoirs, de nouvelles obligations. Je renouvelai les serments de fidélité qui m'attachaient à Napoléon, et, dès lors, je me livrai tout entier à ma nouvelle patrie; peu à peu je cessai de correspondre avec mes anciens amis, et je ne m'occupai plus de la France que pour faire des vœux pour son bonheur et sa prospérité.

» Pendant toute cette année, le nom du roi ne fut prononcé qu'avec respect. Des gravures, chansons et pamphlets injurieux à la famille royale ayant été apportés dans l'île, j'en ai défendu la publication. J'ai éloigné les colporteurs et ces pamphlets, et j'ai pris des mesures pour empêcher qu'ils ne reparussent dans l'île. Les étrangers qui ont visité l'île d'Elbe se plairont à attester la vérité de ce que j'avance.

» Jusque vers le milieu de février, je n'ai rien vu ni entendu qui pût faire soupçonner le projet de quitter l'île d'Elbe. Les mesures qu'avait fait prendre une proposition du congrès de Vienne et le non paiement des deux millions stipulés par le traité du 11 avril paraissaient prouver la résolution de ne point sortir de l'île. Du 15 au 20 février, Napoléon me dit que la France était mécontente, qu'elle regrettait et demandait son ancien souverain, et qu'il était disposé à se rendre aux vœux de la nation. Frappé d'étonnement, j'ai manifesté mon opposition à ce projet; mais j'étais lié à Napoléon par mes serments, et, malgré mon opposition, je n'ai pu me dispenser de le suivre. Au milieu des malheurs qui désolent la France, j'ai la consolation de n'avoir pas provoqué l'invasion qui lui a été si funeste, et d'avoir fait ce qu'il était humainement possible de faire pour l'empêcher.

» Toutes les circonstances de la marche de Napoléon vers Paris vous sont connues; ma conduite pendant cette marche est une conséquence nécessaire du principe qui m'avait empêché d'abandonner mon souverain, et m'imposait l'obligation d'être fidèle aux serments qui m'attachaient à lui. Par suite de ce principe, j'ai dû agir dans les intérêts de Napoléon, je n'ai pu me refuser à signer une proclamation faite par lui et qui a été défigurée par les journaux. J'ai dû, malgré l'ordonnance royale du 6 mars, rester fidèle sous les drapeaux de Napoléon et fermer les yeux sur nos dangers particuliers pour n'être point infidèle et parjure. Il y a plus, si ma fidélité n'avait pas été à toute épreuve, elle n'aurait pu que se fortifier par les dangers dont j'étais menacé et par ceux que courait Napoléon. Lorsque je me reporte à cette époque malheureuse, je vois qu'il ne m'a pas été possible de me conduire autrement que je l'ai fait; aucune vue d'ambition ou d'intérêt ne m'a entraîné ; toutes mes actions ont été dirigées par le sentiment le plus honorable, qui est gravé profondément dans mon cœur, *fidélité à mes serments, attachement à mon souverain.*

» Depuis le 20 mars, j'ai conservé la place d'aide de camp et celle d'aide-major de la garde que j'occupais avant l'abdication. Je n'ai reçu ni grades ni décorations ; Napoléon savait que je ne voulais ni honneurs ni richesses, que tous mes vœux se bornaient à rentrer dans l'obscurité et à vivre dans la retraite.

» Lorsque Napoléon eut abdiqué, le 21 juin 1815, j'ai été dégagé des serments qui m'attachaient à lui. N'écoutant que mon attachement à la France, j'ai accepté le commandement de la garde qui me fut donné par la commission du gouvernement, je suis resté au poste que la patrie m'assignait dans ces circonstances difficiles. Je me suis exposé à de grands dangers sans doute, mais j'ai beaucoup contribué à sauver Paris et à préserver une partie de la France de l'invasion des étrangers; ce service rendu à mon pays me dédommagera de tous les malheurs qui pourraient m'arriver.

» Lorsque l'armée s'est repliée sur Paris, je n'ai rien négligé pour maintenir le bon ordre dans la garde; j'ai conservé la plus sévère discipline parmi les troupes que le malheur avait exaspérées, et qui, dans ces temps désastreux, ont donné le plus noble exemple de résignation et de discipline.

» Le corps que je commandais dans la garde était fort de seize mille hommes; ce corps plein de confiance en mon attachement à la patrie, s'est abandonné à mes conseils; son bon exemple a été suivi par toute l'armée, et Paris a été sauvé.

» Arrivé sur la Loire, j'ai raillé la garde au roi et j'ai fait sentir à cette brave garde la nécessité de se soumettre franchement à Sa Majesté. Je lui ai donné l'exemple en signant le premier l'acte de soumission. Depuis ce moment, le roi a pu compter sur ma fidélité.

» Dès que j'eus connaissance de l'ordonnance royale du 24 juillet, je me suis soumis avec respect aux ordres de Sa Majesté. J'ai quitté le commandement de la garde le 1er août, et je suis venu à Paris me constituer prisonnier, plein de confiance dans la justice du roi, l'équité de mes juges et la loyauté de ma conduite. C'est sous cette protection que je suis venu volontairement m'exposer aux plus grands dangers. Si je suis condamné par les hommes, qui ne peuvent juger nos actions que par les apparences et les événements, je serai absous par mon juge le plus implacable, par ma conscience.

» Telle a été ma conduite dans les dernières circonstances; je n'ai été guidé que par l'honneur et les obligations qui m'étaient imposées. Tant que la reconnaissance, la fidélité aux serments, l'obéissance et l'attachement au souverain seront des vertus parmi les hommes, ma conduite sera justifiée aux yeux des gens de bien.

» Quelques-uns trouveront peut-être que j'ai mal apprécié ma position, que je me suis exagéré les obligations qu'elle m'imposait; mais j'ai suivi la ligne que j'ai cru tracée par l'honnour, et je serais coupable si je m'en étais écarté. Quoique je fasse le plus grand cas de l'opinion des hommes, je tiens encore davantage au témoignage de ma conscience, et mourir plutôt mille fois que de résister à ses impulsions.

» J'attends, Messieurs, avec une respectueuse confiance le jugement que vous allez prononcer. Si vous croyez que mon sang soit nécessaire pour assurer la tranquillité de la France, mes derniers moments auront encore été utiles à mon pays. Si vous n'écoutez que la voix de la justice, vous n'oublierez pas qu'à l'époque de l'invasion j'étais sujet d'un souverain étranger et dégagé de mes devoirs envers la France; que j'étais attaché à Napoléon par les liens les plus sacrés, et que, sous peine d'infamie, il ne m'était pas permis d'opter entre mes vœux et les obligations que m'imposaient mes serments. Quel que soit le sort qui m'attend, j'emporterai la consolation d'avoir servi avec zèle et désintéressement, d'avoir fait tout le bien qu'il m'a été possible dans toutes les positions où la Providence m'a placé, et d'avoir toujours aimé ma patrie, pour laquelle je ferai des vœux jusqu'à mon dernier soupir. »

Ce discours noble et franc comme le caractère du général

Drouot, produisit une vive émotion sur toute l'assemblée, qui admirait à la fois tant de simplicité et tant de grandeur d'âme.

M. Girod de l'Ain, défenseur, prit ensuite la parole, et dans une plaidoirie très belle et très concise, prouva que le général Drouot avait cessé d'être Français en vertu du Code civil.

Il termina en disant : « J'aurais pu donner plus de développement aux considérations que je viens de vous présenter pour le général Drouot, mais je m'empresse d'abandonner le sort du général à vos consciences. Non, Messieurs, vous ne trancherez pas le cours d'une aussi belle vie ; vous rendrez à l'armée un guerrier qui l'honore, et à la France un de ses enfants les plus chers, qu'elle a été heureuse de retrouver, dont elle attend de nouveaux services, et dont elle pleurerait longtemps la perte. »

## NOTE XXV, page 163.

**Extrait du discours sur les légions polonaises, prononcé par Drouot à la Société royale des Sciences, Lettres et Arts de Nancy, le 7 janvier 1830.**

« Les puissances qui avaient participé au partage de la Pologne convoitaient depuis longtemps les débris échappés à leur rapacité ; leurs manœuvres perfides et l'envahissement d'une partie de ces provinces réveillèrent un peuple généreux et le forcèrent à courir aux armes ; les plus courageux citoyens se réunirent en ligue patriotique et nommèrent Thadée Kosciuszko chef du gouvernement, avec le titre de généralissime. Kosciuszko accourut à la voix de ses concitoyens, il fit son entrée dans Cracovie le 24 mars 1794.

» La fortune seconda les premiers efforts des Polonais ; ils triomphèrent à Dubienska, à Raclawio, à Wilna. Varsovie, assiégée par quarante mille Prussiens et dix mille Russes, soutint cinquante-trois jours de tranchée ouverte, et fut délivrée par la courageuse constance des habitants et de la garnison ; mais bientôt accablés par des forces supérieures, les Polonais succombèrent à Chelm, Brzesemlitewski, et enfin, le 10 octobre 1794, ils furent anéantis dans les champs de Macieiowice ; les principaux chefs furent tués ou faits prisonniers ; Kosciuszko luimême resta sur le champ de bataille, sans connaissance et criblé de blessures.

» Tout ce qui échappa au fer de l'ennemi se réfugia à Varsovie ; les détachements qui se trouvaient dans la grande Pologne et la Gallicie, furent appelés pour défendre cette ville contre Souwarow, qui s'avançait avec toutes ses forces réunies. Le 4 novembre, les Russes enlevèrent d'assaut Praga, faubourg de Varsovie, sur la rive droite de la Vistule ; ils en passèrent les habitants au fil de l'épée. Le fer de ces barbares n'épargna ni l'âge ni le sexe. Varsovie se rendit le 9, par capitulation ; quelques débris, échappés à ce désastre, se réunirent sur le chemin de Cracovie à une division que commandait le général Dombrowski, l'un des guerriers les plus distingués de la Pologne.

» Dombrowski proposa de réunir sur-le-champ toutes les troupes polonaises qui consistaient en vingt mille hommes à peu près, de marcher, à travers la Prusse, vers le Rhin, pour se joindre aux armées françaises. Cette marche audacieuse aurait procuré des avantages précieux à la France ; elle aurait pu avoir une grande influence sur les destinées de la Pologne ; mais elle fut jugée impraticable par les autres chefs, et l'on adopta la funeste résolution de se soumettre.

» La capitulation de Radoszyée fut signée le 18 novembre.

» Ainsi se termina la lutte glorieuse, entreprise par le peuple polonais pour se délivrer de ses perfides oppresseurs ; accablé par des forces supérieures, il signala sa chute par un dévouement héroïque, et prouva au monde entier qu'il était digne de la liberté, puisqu'il savait mourir pour elle. »

Après avoir exprimé que Dombrowski conçut le projet de s'adresser à la France et de réunir ses concitoyens en légions, l'illustre rapporteur poursuit :

« Le gouvernement français accueillit avec empressement le plan de Dombrowski ; mais comme la constitution qui régissait la France ne permettait plus de solder des troupes étrangères, les légions polonaises furent mises à la solde de la Lombardie, qui s'organisait en république cisalpine, sous la protection de la France.

» A cet effet, le 9 janvier 1797, Dombrowski signa une convention avec l'administration de la Lombardie et le général en chef de l'armée française. Le 20 du même mois, il publia une proclamation pour appeler ses compatriotes dans les nouvelles légions; des officiers furent envoyés de tous les dépôts de prisonniers de guerre autrichiens, pour y recruter les soldats qui appartenaient à la Pologne.

» Depuis ce moment, les Polonais n'ont point cessé de combattre à nos côtés; toujours braves, toujours dévoués, on les vit supporter sans murmures les fatigues et les privations des armées françaises, partager avec enthousiasme leurs dangers et leur gloire. Les Polonais prirent part à nos triomphes dans nos jours de prospérité: ils supportèrent nos revers avec constance, et succombèrent en rangs serrés autour du drapeau qu'ils avaient juré de défendre. Dresde, Leipsick, Montmartre, l'île d'Elbe ont été témoins de leur fidélité et de leur courageuse persévérance. »

Le général Drouot analyse ensuite les malheurs de la Pologne, retracés dans le livre de M. Chodsko, et continue ainsi :

« Aussitôt après la convention du 9 janvier 1797, le général Dombrowski travailla activement à l'organisation de la première légion. Le 23 mars, deux bataillons présentaient un effectif de deux mille hommes prêts à entrer en campagne; de ce moment les Polonais firent partie de l'immortelle armée d'Italie qui, par des exploits prodigieux, venait de mériter l'admiration de l'Europe. Le 17 avril, les Polonais, organisés en deux légions, furent réunis à Palma-Nova au nombre de cinq mille hommes, tous pleins d'ardeur et de bravoure, n'attendant qu'un signal pour voler vers leurs foyers.

» La marche rapide de l'armée française à travers les Alpes Noriques excitait leur enthousiasme et leur espoir; déjà ils se croyaient au moment de revoir leur chère patrie et de la délivrer de l'oppression étrangère. Dombrowski proposait au général en chef Bonaparte de diriger les Polonais par la Dalmatie, la Servie, la Valachie et la Moldavie vers le Bukowine et la Gallicie, où il se trouvait un grand nombre d'hommes affectionnés à leur pays et prêts à combattre pour son indépendance. Ainsi renforcés, les Polonais entreraient dans leur patrie et serviraient de point de ralliement à toute la nation; mais les préliminaires de paix qui furent signés à Léoben, le 18 avril, vinrent détruire de si brillantes espérances....

» Un nouvel orage se formait contre la France ; les puissances organisaient une nouvelle coalition et se préparaient à nous attaquer en Italie, en Suisse et sur le Rhin. La cour de Naples, aveuglée par son ambition et foulant aux pieds les traités qu'elle venait de signer avec la France, fit un traité d'alliance avec le cabinet de Saint-James, porta ses forces disponibles à soixante mille hommes, et mit à leur tête un général autrichien précédé d'une grande réputation militaire, mais des fautes capitales et des revers éclatants ne tardèrent pas à en dissiper le prestige.

» Sans attendre que les autres puissances fussent en mesure de commencer les hostilités et sans déclarations préalables, la cour de Naples fit attaquer le corps de troupes françaises qui occupaient les États romains. Ce corps composé de seize mille Français, Italiens et Polonais, avait peu d'artillerie, presque point de munitions et une cavalerie ruinée. Confiant dans la foi des traités, il occupait une vaste étendue de pays, depuis la mer Adriatique jusqu'à Terracine sur la mer Méditerranée.

» Le 23 novembre, quarante mille Napolitains, partagés en cinq colonnes et appuyés par une belle et nombreuse artillerie, pénètrent sur le territoire Romain ; les détachements français, surpris dans leurs cantonnements, se replient à la hâte ; ils évacuent Rome le 27, en laissant une faible garnison dans le château de Saint-Ange. Le roi Ferdinand fait son entrée dans cette capitale le 29, et se proclame le libérateur de l'Italie ; mais son triomphe devait cesser aussitôt que les Français, réunis par un mouvement concentrique de retraite, seraient en mesure de livrer bataille et de punir leurs déloyaux ennemis.

» Le jour même ou Ferdinand entrait dans Rome, Macdonald concentrait l'aile droite de l'armée française (six mille hommes) près de Civita-Castellana, l'ancienne Veies ; il avait à sa gauche la légion polonaise commandée par Kuiaziewitz. Bientôt les colonnes ennemies sont battues et dispersées ; elles abandonnent Rome le 15 décembre, fuient vers Naples, livrent à l'armée victorieuse Gaëte et Capoue, qui renfermaient de grands approvisionnements d'artillerie, de vivres et de munitions. Naples succombe le 22 janvier, après un combat acharné contre les Lazzaroni qui s'étaient chargés de la défendre. »

Après avoir examiné les forces autrichiennes et les cantonnements qu'elles occupaient, et rendu compte de la bataille de

Magnano, gagnée par l'armée prussienne sur les Français commandés par Chérer, l'illustre rapporteur poursuit :

« Après la bataille de Magnano, la légion fut envoyée dans Mantoue; elle se conduisit avec distinction dans la défense de cette forteresse, et au moment de la capitulation (28 juillet), elle était réduite à huit cents hommes, tant par les maladies que par le fer de l'ennemi. Ce faible débris devait, comme le reste de la garnison, être conduit en France, pour y rester jusqu'à son échange; mais les Autrichiens se jetèrent sur les malheureux Polonais qu'ils considérèrent comme déserteurs, et les forcèrent à entrer dans leurs rangs; cent cinquante seulement purent échapper et arriver à Lyon avec les officiers qui étaient chargés de les conduire dans cette ville. L'armée française, réduite à trente mille hommes, fut obligée de se retirer devant les armées autrichienne et russe, qui en comptaient plus de cent mille. Moreau, qui remplaça Chérer, alla prendre position dans les Apennins, de la rivière de Gênes, manœuvrant de manière à favoriser la jonction de l'armée de Naples. Celle-ci s'avançait à grandes journées sous les ordres de Macdonald; elle était précédée par les Polonais de Dombrowski, qui occupèrent les passages des Apennins pour assurer les communications avec l'armée d'Italie. Cette légion prit une part glorieuse aux grandes journées de la Trébia, qui décidèrent de la possession de l'Italie (1).

» Les Polonais firent des pertes considérables à la Trébia, mais ils ne tardèrent pas à les réparer par le retour des prisonniers qui échappèrent des mains de l'ennemi, et par l'arrivée d'un grand nombre de soldats des armées coalisées, nés en Pologne, et qui demandèrent à servir avec leurs compatriotes. »

Après avoir rappelé la bataille de Novi, dans laquelle la retraite de l'aile droite fut couverte par les troupes polonaises sous les ordres de Dombrowski, et la réorganisation de la légion, sous le nom de légion du Danube, l'illustre général ajoute :

» A cette époque, le premier consul ordonna la réorganisation de deux légions d'Italie; elles furent réunies en une seule, mise

(1) On se rappelle que ce fut à la Trébia que Drouot, alors capitaine d'artillerie, montra tant de sang-froid et d'habileté, qu'il retarda pendant quelque temps la retraite de Macdonald.

a la solde de la France et avec les mêmes avantages que les régiments français.

» Cependant l'armée de réserve exécutait une des plus savantes combinaisons militaires dont l'histoire ait conservé le souvenir ; après avoir effectué le passage du grand Saint-Bernard, elle traversa comme un torrent les plaines qui s'étendaient des Hautes-Alpes au Pô, franchit le fleuve à Plaisance, prit à revers l'armée autrichienne, la battit dans les champs à jamais célèbres de Marengo, et l'obligea, par capitulation, à lui livrer douze forteresses et à abandonner l'Italie jusqu'au Mincio.

» La légion polonaise fit partie de l'expédition de Saint-Domingue, où elle fut presque entièrement détruite.

» Plus tard, dit en terminant le général Drouot, les légions polonaises ressuscitèrent à la voix de l'empereur Napoléon ; elles parcoururent une nouvelle carrière de gloire et dévouement, sans être récompensées de tant de sacrifices par le rétablissement de leur patrie. »

## NOTE XXVI, page 168.

### Lettre de Drouot à un député.

« Nancy, le 12 décembre 1827.

» A M.... député du département de la Meurthe.

» Monsieur,

» Vous désirez avoir mon avis sur la conduite que vous devez tenir pour bien remplir les fonctions qui viennent de vous être confiées ; je m'empresse de répondre à la confiance dont vous voulez bien m'honorer, en vous exposant les principes qui, selon moi, doivent diriger un bon et loyal député.

» 1° Vous serez fidèle au roi et à la Charte : votre fidélité inviolable à l'un et à l'autre peut seule assurer la tranquillité et le bonheur de la France.

» 2° Mandataire du peuple, vous défendrez avec intrépidité

les libertés publiques; mais vous n'oublierez point que le gouvernement a besoin de force et de considération pour se faire respecter au dehors, pour inspirer dans l'intérieur la confiance et l'amour, et pour diriger avec succès les rouages d'une vaste administration; vous regarderez donc comme un devoir sacré de défendre la majesté du trône et de conserver avec un respect religieux les droits et les prérogatives de la couronne.

» 3° Vous voterez avec les ministres, quand leurs propositions vous paraîtront utiles à la France; mais vous voterez contre les mesures qui porteraient la moindre atteinte à la Charte, à la justice ou à la morale publique; vous repousserez avec indignation tout ce qui pourrait altérer et corrompre le noble caractère d'une nation franche, loyale et généreuse.

» 4° Vous ferez honorer la religion et les ministres des autels, qui suivent avec humilité les préceptes de notre divin Maître.

. . . . . . . . . . . . . . . . . . . . . . .

» 5° Vous proposerez toutes les économies qui vous paraîtront compatibles avec la justice, l'intérêt et la dignité de la France. C'est dans les années de calme et de repos qu'il faut diminuer les dépenses, approvisionner les places et les arsenaux, et se préparer des ressources pour les temps difficiles. Si jamais la France était menacée dans son honneur et dans son indépendance, vous pourriez alors nous imposer les plus fortes charges. Nous serions prêts à sacrifier nos biens et notre vie pour le salut de notre chère patrie.

» 6° Pendant la durée de vos fonctions, vous n'accepterez ni emploi, ni faveur d'aucune espèce. Si vous avez bien rempli votre mandat, la reconnaissance de vos concitoyens sera pour vous la plus douce et la plus honorable des récompenses.

» Voilà, Monsieur, les principes qui, suivant moi, doivent guider un député. Appuyé sur ces principes, vous marcherez d'un pas assuré dans la carrière honorable que vos concitoyens viennent d'ouvrir devant vous. Étranger aux factions, aux partis, aux coteries, vous n'aurez d'autre passion que l'amour du bien public, d'autre ambition que d'assurer le repos de la France, son bonheur et sa prospérité.

» Vous regrettez que je ne sois pas admissible à la Chambre des députés; je ne puis, en effet, prétendre à cet honneur, puisque je ne paie pas le cens voulu par la loi; vous savez d'ailleurs que l'état de ma santé me met dans l'impossibilité de remplir des fonctions publiques. Plusieurs fois les électeurs de Nancy ont témoigné le regret de ne pouvoir m'honorer de leurs suffrages; les marques de confiance, d'estime et d'affection qu'ils m'ont données dans toutes les circonstances, font la grande consolation de ma vie.

» J'ai l'honneur d'être, Monsieur, avec la plus haute considération, votre très humble et très obéissant serviteur,

» Général DROUOT. »

## NOTE XXVII, page 172.

**Discours de M. le maire de Nancy, le 26 septembre 1830, lors de la remise du drapeau tricolore à la garde nationale.**

« J'aurais ardemment désiré que la brave garde nationale de Nancy reçût son étendard de mains plus dignes que les miennes de lui présenter ce symbole de la liberté et de la dignité nationales. C'était en effet de l'homme vertueux et modeste qui s'est placé dans le rang de ses concitoyens, c'était d'un illustre guerrier, du héros de la fidélité qu'il eût été plus satisfaisant pour vous de recevoir ce drapeau tricolore sous lequel il a combattu et vaincu pendant tant d'années. »

## NOTE XXVIII, page 184.

« Nancy, le 24 mars 1841.

» A M. Moreau, député de la Meurthe, premier président de la cour royale de Nancy.

« Cher Président,

» Par votre lettre du 18 mars, vous me priez de vous faire connaître mon opinion sur les fortifications qui doivent entourer la capitale; je vais vous satisfaire en peu de mots.

» Voici mon opinion sur les fortifications qui doivent entourer la capitale :

» Quatre systèmes sont en présence :

» 1° Forts extérieurs revêtus en maçonnerie et casematés ;

» 2° Une enceinte continue bastionnée, terrassée avec escarpe revêtue en maçonnerie ;

» 3° Forts extérieurs protégés par une enceinte de sûreté, consistant en un mur crénelé, protégé et flanqué en quelques endroits par des bastions ;

» 4° Forts extérieurs protégés par une enceinte bastionnée, avec escarpe revêtue en maçonnerie.

» Voyons donc les quatre systèmes :

» 1° Les forts extérieurs sont indispensables pour retenir l'ennemi loin de la ville, le forcer à disperser, sur un circuit d'une immense étendue, ses troupes et ses moyens d'attaque, et pour mettre la ville à l'abri de ses projectiles ; mais les forts n'atteindraient pas le but qu'on se propose, s'ils n'étaient protégés en arrière par une enceinte fortement constituée. En effet, si les corps ennemis passaient par les intervalles des forts, pour venir insulter le mur d'octroi et menacer la ville, on verrait en peu de temps s'anéantir toute la défense extérieure ; et les forts, dans la crainte de compromettre les grands intérêts que renferme Paris, capituleraient longtemps avant l'épuisement de leurs moyens de résistance.

» L'histoire ne nous apprend-elle pas qu'il faut rarement compter sur la vigueur et l'énergie des hommes, lorsqu'ils peuvent se déguiser à eux-mêmes leur faiblesse et leur timidité sous des prétextes plausibles d'intérêt public ?

» 2° Enceinte continue, bastionnée et revêtue.

» Cette enceinte ne suffirait pas si elle était seule pour garantir la sûreté de la capitale. En effet, dès les premiers jours de son apparition, l'ennemi parviendrait à des positions que les forts extérieurs ne lui permettraient d'occuper qu'après une grande perte d'hommes et de temps et après l'épuisement presque total de ses moyens d'attaque. Dès l'établissement des premières batteries, les faubourgs seraient exposés à tous les ravages des projectiles de l'assiégeant.

» 3° Forts extérieurs protégés par une enceinte de sûreté.

» Les forts ne trouveraient pas dans cette enceinte une protection qui leur permît de faire une vigoureuse résistance ; les corps ennemis pourraient avancer par les intervalles des forts, jusqu'à une petite distance de l'enceinte de sûreté, et y établir des batteries que le travail d'une seule nuit pourrait masquer et couvrir suffisamment, causer du dommage à cette enceinte et jeter l'effroi et l'inquiétude dans toute la ville. La crainte ne manquerait pas d'exagérer l'effet de ces batteries ; la défense en serait paralysée, et bientôt on songerait à capituler.

» Vous me parlez de Smolensk ; mais il n'y a aucune parité entre ce qui se passa à Smolensk et ce qui aurait lieu devant l'enceinte de sûreté. Cette place était entourée par une muraille extrêmement épaisse, flanquée de tours qui étaient armées de canons

» Nous avançâmes en rase campagne et en plein jour, et nous tirâmes presque toujours à grande distance ; les réserves de douze de la garde impériale, que je dirigeais, ne s'occupèrent point de la muraille, et s'appliquèrent à éteindre le feu des pièces qui incommodaient les troupes en avant desquelles nous étions postés : quelques boulets perdus frappèrent seuls la muraille.

» 4° L'enceinte continue, bastionnée avec escarpe revêtue de maçonnerie, assure seule d'une manière efficace la défense extérieure et met la ville à l'abri de tout danger. Un corps ennemi aurait-il la témérité de passer entre les forts pour s'approcher de cette enceinte, il serait aussitôt foudroyé et réduit en poudre par les nombreuses pièces qu'on établirait sur tous les fronts qui auraient vue sur son mouvement.

» Le quatrième système réunit tous les avantages ; il n'a d'autre inconvénient que d'occasionner une très grande dépense : il exigera, en effet, cent quarante millions. Mais cet argent sera placé à très gros intérêts.

» Une fois que la sûreté de Paris reposera sur un bon système de fortifications, on pourra diminuer sensiblement l'effectif de l'armée sur le pied de paix, ce qui procurera chaque année une économie qui excédera de beaucoup les sept millions qui représentent les intérêts du capital dépensé.

» Ma conviction des avantages de ce quatrième système est si profonde que, si les travaux s'exécutaient par souscription, j'offrirais tout ce que je possède, y compris même ma pension de retraite, et, comme il ne me resterait plus aucun moyen d'existence, j'irais passer le reste de mes jours à l'hospice des vieillards, où j'occuperais une des places que j'ai fondées en faveur de mes vieux soldats. Je serais heureux, au moment de descendre dans la tombe, d'avoir contribué à l'exécution d'une mesure qui assurera l'indépendance et la prospérité de mon pays.

» Je vous prie, cher Président, d'agréer, etc.

» Général DROUOT. »

## NOTE XXIX, page 187.

### Fondations faites au bureau de bienfaisance de Nancy.

Deux demi-bourses et un quart de bourse à l'école normale primaire de Nancy, 438 fr. — Pour secours aux instituteurs primaires et aux veuves d'instituteurs, 162 fr. — Pour instruction des enfants aveugles ou des enfants sourds-muets, 300 fr. — Pour apprentissage de métier aux enfants pauvres du sexe masculin, 50 fr. — Pour l'instruction professionnelle des filles pauvres, 50 fr. — Pour les salles d'asile de l'enfance, 30 fr. — Pour le dépôt de mendicité, 300 fr. — Pour l'admission de jeunes filles dans les asiles ouverts aux filles repentantes, 200 fr. — Pour les aliénés ou secours aux familles qui se trouvent dans le besoin à cause de l'aliénation mentale de l'un de leurs membres, 150 fr.

Du 6 janvier 1844, une rente de 100 fr. en faveur des jeunes filles admises à l'école normale, et subsidiairement pour faire apprendre des métiers à des enfants.

Du 1er avril 1845, une rente de 50 fr. dont l'emploi doit avoir lieu comme il est énoncé ci-dessus.

Du 4 avril 1846, une rente de 100 fr. dont 50 pour l'école normale de filles ou pour faire apprendre des métiers à des enfants du sexe masculin, et l'autre moitié destinée aux crèches ou à donner des secours à des mères qui ne pourraient pas remplir les devoirs de la maternité.

Du 8 juillet 1846, une rente de 70 fr. dont 40 sont affectés aux crèches et 30 aux aliénés.

Le général n'oubliait pas les hospices. Voici ses principales fondations :

Le 10 décembre 1831, une somme de 4,000 fr. pour un lit de vieillard à l'hospice Saint-Julien.

Le 8 mai 1832, une somme de 3,280 fr. pour un lit d'orphelin à l'hospice Saint-Stanislas.

Le 8 mai 1832, une donation de 600 fr., plus les intérêts de ladite somme accumulés depuis le jour de l'admission de chaque orphelin dans le lit fondé ci-dessus jusqu'à celui de son remplacement, formeront un fonds de réserve, qui lui sera remis à l'époque de sa majorité ou de son mariage.

Le 19 septembre 1832, une somme de 4,000 fr. pour un lit de vieillard ou d'incurable à l'hospice Saint-Julien.

Le 7 janvier 1838, une somme de 5,500 fr. pour un lit de vieillard ou d'un incurable âgé de 15 ans au moins.

Le 3 octobre 1844, une rente annuelle de 150 fr. pour un lit d'orphelin à l'hospice Saint-Stanislas.

Le 4 février 1846, une rente annuelle de 30 fr. qui sera versée à la caisse d'épargne tous les six mois, pour le compte de l'enfant qui occupera le lit fondé à l'hospice Saint-Stanislas.

Le 3 février 1835, fondation d'une place d'orphelin, moyennant une rente de 150 fr.



FIN

# TABLE





---

— Lille. Typ. J. Lefort. 1887 —

A LA MÊME LIBRAIRIE

# HISTOIRE ET BIOGRAPHIES

## Format in-12 à 1 fr.

*En envoyant le prix ci-dessus, on reçoit franco à domicile.*

**Bossuet** (Histoire de); par F. Lafuite.
**Condé** (Histoire du grand); par J. E. Roy.
**Crillon** (Histoire du brave); par M. de Montrond.
**Du Guesclin** (Histoire de Bertrand); d'après Guyard de Berville.
**Fénelon** (Histoire de); par F. Lafuite.
**François I**er (Histoire de), surnommé *le Père des lettres*; par J. E. Roy.
**Godefroi de Bouillon** (Histoire de); par H. Prévault.
**Henri IV** (Histoire de), roi de France; par J. E. Roy.
**Louis XII** (Histoire de), roi de France, dit *le Père du peuple*; par le même.
**Louis XIV** (Histoire de); par le même.
**Marie Leckzinska** (Vie de), reine de France; par l'abbé Proyart.
**Napoléon** (Histoire de); par J. E. Roy.
**Révolution française** (Histoire de la); par le vicomte de la Morre.
**Saint Alphonse de Liguori** (Vie pratique de); par l'abbé Gillet.
**Saint Louis** (Histoire de), roi de France; par J. E. Roy.
**Vauban** (Histoire de); par le même.

## Même format à 85 c.

**Architectes les plus célèbres**; par M. de Montrond.
**Artisans les plus célèbres**; par le même.
**Bayard** (Histoire du chevalier); d'après Guyard de Berville.
**Catinat** (Histoire du maréchal de); par J. E. Roy.
**Christophe Colomb** (Histoire de); par M. de Montrond.
**Guerriers les plus célèbres** de la France; par le même.
**La Moricière** (le général de) : esquisse biographique; par le même.
**Magistrats les plus célèbres** de la France (les); par le même.
**Marins les plus célèbres**; par le même.
**Peintres les plus célèbres**; par le même.
**Rantzau** (le maréchal de); par J. E. Roy.
**Saint Norbert**, arch. de Magdebourg et fondat. des chanoines Prémontrés.
**Théodose le Grand** (Histoire de), d'après Fléchier, par Mlle Brun.
**Turenne**, d'après Raguenet.

---

— Lille, Typ. J. Lefort.

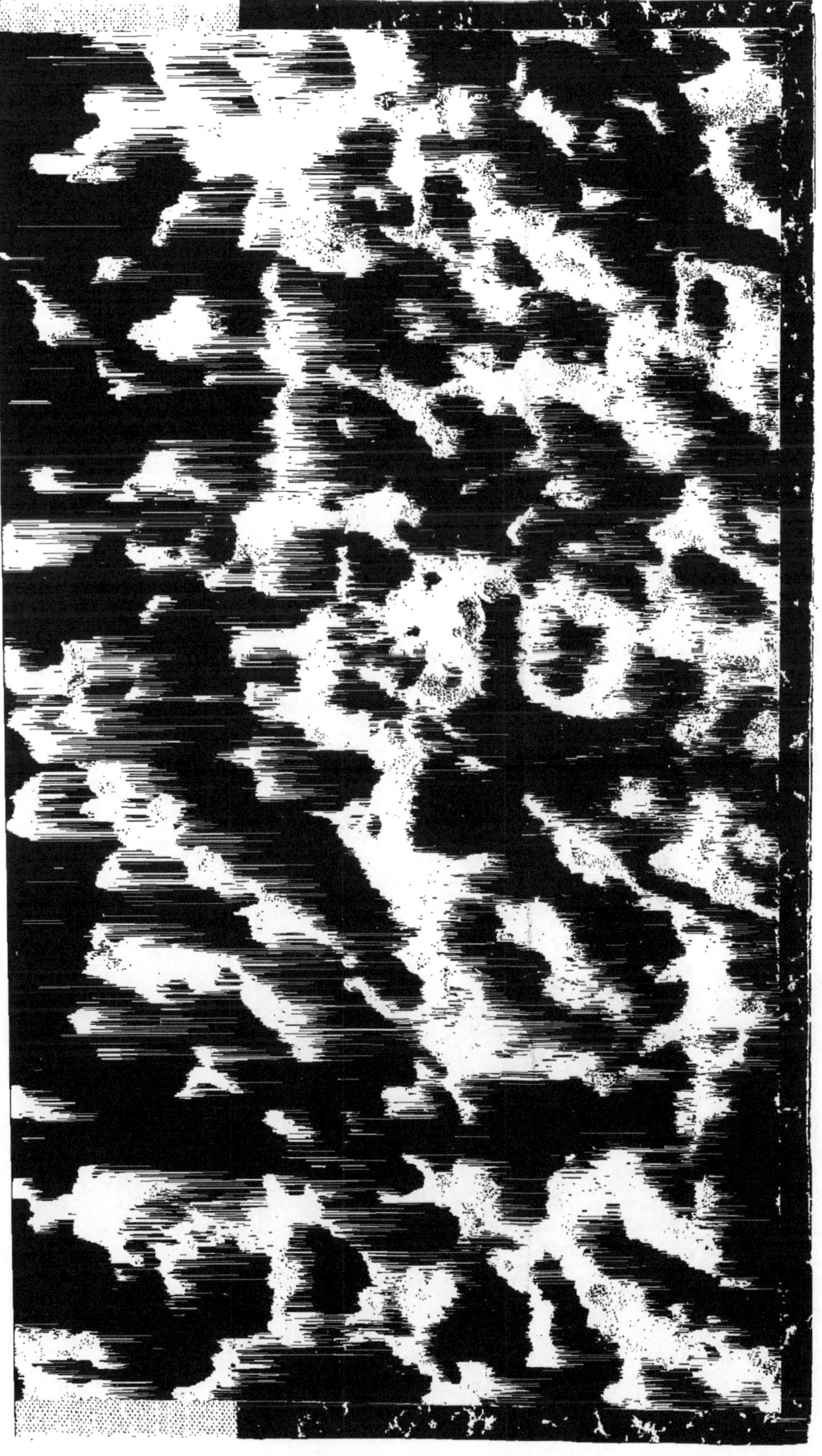

www.ingramcontent.com/pod-product-compliance
Ingram Content Group UK Ltd.
Pitfield, Milton Keynes, MK11 3LW, UK
UKHW020208250726
13967UKWH00003B/1342